EXECUTIVO,
O SUPER-HOMEM SOLITÁRIO

EMERSON A. CIOCIOROWSKI

EXECUTIVO, O SUPER-HOMEM SOLITÁRIO

Prefácio de Abilio Diniz

DIRETOR EDITORIAL:
Marcelo C. Araújo

EDITORES:
Avelino Grassi
Márcio Fabri dos Anjos
Roberto Girola

COORDENAÇÃO EDITORIAL:
Ana Lúcia de Castro Leite

COPIDESQUE:
Leila Cristina Dinis Fernandes

REVISÃO:
Bruna Marzullo

DIAGRAMAÇÃO:
Simone A. Ramos de Godoy

CAPA:
Antônio Carlos Ventura

* Na 3ª edição, 2009, revisão do texto conforme o novo Acordo Ortográfico da Língua Portuguesa, em vigor a partir de 1º janeiro de 2009

© Todos os direitos reservados à Editora Idéias & Letras, 2008

Editora Idéias & Letras
Rua Pe. Claro Monteiro, 342 – Centro
12570-000 Aparecida-SP
Tel. (12) 3104-2000 – Fax (12) 3104-2036
Televendas: 0800 16 00 04
vendas@ideiaseletras.com.br
http//www.ideiaseletras.com.br

Dados Internacionais de Catalogação na Publicação (CIP)
(Câmara Brasileira do Livro, SP, Brasil)

Ciociorowski, Emerson A.
Executivo, o super-homem solitário / Emerson A. Ciociorowski; prefácio de Abilio Diniz. - Aparecida, SP: Idéias & Letras, 2008. - (Coleção Management; 5)

Bibliografia.
ISBN 978-85-7698-005-6

1. Executivos - Atitudes 2. Executivos – Conduta de vida 3. Executivos - Psicologia 4. Saúde ocupacional 5. Solidão 6. Sucesso profissional I. Título. II. Série.

08-01636   CDD-658.40019

Índices para catálogo sistemático:

1. Executivos: Aspectos psicológicos: Administração de empresas 658.40019

Para Ana Paula Saraiva Ciociorowski.

Agradecimentos

Tarefa difícil agradecer a tantos, uma vez que posso cometer o erro de deixar de mencionar alguém que teve importante papel ao longo da minha jornada até aqui.

Por outro lado, é uma oportunidade de rodar o filme da minha vida, e sempre digo que sou um privilegiado pelas pessoas que encontrei ao longo do meu caminho. E todas elas, trocando experiências comigo, criaram uma história e ajudaram a construir a matéria-prima deste livro, que são as minhas vivências e experiências.

Quero começar agradecendo aos meus pais. À minha mãe que, apesar da curta passagem, conseguiu impregnar-me com o sentimento do amor e o calor dos seus abraços que sinto todas as vezes em que penso nela.

Ao meu pai, o senso prático e o espírito de superação e perseverança.

Quero agradecer aos mestres e companheiros de busca espiritual que ajudaram a desenvolver uma pessoa menos cartesiana, abrindo caminhos para uma dimensão mais rica de vida. Entre eles, um especial agradecimento a: Professor Shotaro Shimada, Professor Orestes, Deepak Chopra, Brian Weiss, Walfrido Jansen Monteiro, Betoh Simonsen, Leni Erica Gut, Paulo Rosa, Augusto Mazzola, Antoine Charrete, Maria Isabel Moreira Sales.

Na vida prática e objetiva que envolve inclusive meu lado profissional, gostaria de agradecer em especial às figuras de Valdyr Gabriel, que tanto me ensinou e gerou novas perspectivas profissionais, enquanto trabalhei na Carbocloro, assim como gostaria de agradecer ao psiquiatra Dr. Randall Riggs, que foi meu grande mentor na área de inteligência emocional, e a Enio Daudt, um grande mestre em terapias de regressão.

Gostaria de agradecer aos que incentivaram este projeto. Em primeiro lugar, ao Dr. Eduardo Goldstein e ao meu editor e amigo Dr. Roberto Girola, os quais deram uma decisiva contribuição com suas orientações e discussões sobre a forma e o conteúdo deste trabalho.

E quero agradecer especialmente a quem dedico este livro, minha mulher Ana Paula, que foi quem mais me encorajou, além de ao longo deste convívio muito ter-me ajudado a refletir sobre a vida, o que impactou em muitas das minhas colocações neste livro.

Não posso deixar de mencionar pessoas que tiveram grande influência na minha maneira de pensar e no meu próprio processo de aprendizado, e que sequer têm ideia da sua significância para mim. Entre esses, David Dible, Dr. Wu Tou Kwang, Dr. José Roberto Kater, Robert Dilts e Liliana Passera.

E, por último, gostaria muito de agradecer às milhares de pessoas que passaram pelas minhas palestras e cursos, assim como aos meus clientes de *coaching* que, sem dúvida, foram fundamentais no meu aprendizado. A esses quero agradecer de todo o coração o fato de me haverem presenteado com a confiança de abrir a porta do que existe neles de mais sagrado: a essência da alma de cada um, com seus limites e potencialidades, seus medos e angústias, seus obstáculos e seus sonhos de vida.

A todos vocês, o meu muito obrigado!

São Paulo, novembro de 2007.

Sumário

PREFÁCIO - 13
INTRODUÇÃO - 15

1. A síndrome do executivo: o super-homem solitário - 23
2. O super-homem solitário
   competindo no mundo globalizado - 31
3. O velho paradigma: ser emocional é ser mais fraco - 37
4. O super-homem e a tomada de decisões - 45
5. Reconhecendo seus limites - 49
6. Cuide do estresse antes que vire *burnout* - 55
7. Planejar sua carreira sim,
   querer controlar o mundo não! - 67
8. Afinal, o que é importante para você? - 75
9. O riso e o condicionamento físico:
   dois remédios para a depressão e o mau humor - 83
10. Administrando o tempo em função dos seus valores - 97
11. Reconhecimento, afinal todos nós
    precisamos um pouco - 103
12. Talentos, com certeza você tem os seus! - 111
13. Planejando uma vida equilibrada - 119
14. Procurando a ajuda de um *coach* - 129
15. Aposentadoria? Reveja seus conceitos - 137
16. O cosmos tem um plano muito maior para você. Sucesso:
    Quem falou que é proporcional ao esforço? - 145

CONCLUSÃO - 151
BIBLIOGRAFIA - 155

Prefácio

Refletir e entender quais são os nossos diferentes papéis no mundo e como eles interagem é um constante exercício para uma vida mais feliz. Não por acaso, essas preocupações, cada vez mais presentes nas mentes e nos corações das pessoas, estão entre os temas que Emerson Ciociorowski aborda em "Executivo, o Super-homem Solitário".

Da sua experiência como *coach*, Emerson traz uma bagagem interessante de casos, histórias e ideias, e nos leva a ter mais do que a visão de um estudioso em pessoas. A ansiedade cotidiana é retratada de maneira sincera, quase intimista, e nos convida a pensar, sem qualquer pretensão professoral por parte do autor, sobre importantes papéis do executivo, sem necessariamente se restringir a este público.

Pelo título, podemos pensar que a obra está voltada exclusivamente aos executivos, mas os temas, bastante pertinentes, servem como orientação a todos que buscam uma vida mais equilibrada. Tratando do ser profissional e o ser pessoal, Emerson Ciociorowski revela-se um autor instigante ao nos propor uma pausa para avaliar a vida, as emoções, a necessidade da flexibilidade, de manter a saúde, praticar atividades físicas, manter o bom humor. Isso só para começar!

Cada pessoa, a seu modo, busca um caminho para a felicidade. E é para essas pessoas que Emerson escreve. Nesta obra, encontraremos não exatamente essa receita, mas os ingredientes que podem ajudar-nos a alcançar esse objetivo.

O ser humano tem uma grande capacidade para transformar pequenos problemas em muralhas intransponíveis. Só a partir de uma reflexão profunda, o homem moderno pode ser motivado a rever suas escolhas, ratificá-las ou corrigi-las, guiado por seus valores fundamentais para, então, se redescobrir responsável por sua vida.

Há quatro anos, desde que escrevi o livro *Caminhos e Escolhas*, tenho recebido muitas mensagens, conversado com muita gente, e percebo que a busca por uma vida mais plena é um objetivo comum, mas difícil de alcançar. O autoconhecimento pode ajudar muito para que a vida seja encarada de maneira mais positiva. E este é um dos pontos defendidos em "Executivo, o Super-homem Solitário".

A consciência de que não podemos nos desvincular dos nossos papéis e, não somente isso, mas também reconhecê-los para saber priorizar e organizar as atividades que desempenhamos no dia-a-dia é um grande diferencial. Essa ação depende, sobretudo, de método e disciplina, independentemente da posição social, condição financeira ou profissional que ocupamos, executivos ou não.

Contudo, não podemos negar que as exigências do mundo moderno, resumidas pelo autor como "performance de super-homem", contribuem muito para nos distanciar dessa disciplina. Mas, aparentemente difícil, é a falta desse comprometimento que impede as pessoas de usufruírem de uma vida mais feliz.

Emerson conseguiu mesclar seriedade, entusiasmo e leveza, com uma enorme vontade de ajudar o leitor a despertar, ser mais feliz e contribuir para um mundo melhor. Ao autor, meu agradecimento pela "conversa" do livro e pela última frase: "Seja Feliz!". É isto o que eu quero para mim, para você, Emerson, e para todos aqueles que quiserem empenhar-se em tornar este nosso mundo mais humano.

Abilio Diniz
Presidente do Conselho do Grupo Pão de Açúcar
Autor do livro *Caminhos e Escolhas*

Introdução

Se você comprou este livro esperando muitas respostas para suas perguntas, provavelmente comprou o livro errado. Esta leitura deve deixá-lo, no final, com muito mais perguntas do que quando começou a ler.

Hoje, existe uma grande variedade de títulos propondo-se a ensinar fórmulas mágicas de como conduzir nossas vidas, muitas vezes alienando-nos de nossas responsabilidades. Ficamos atordoados com os cinco, sete e dez passos para a felicidade e a eficácia.

Por outro lado, quero dizer que não tenho a menor pretensão de ser o dono da verdade. Meu grande desejo aqui é dividir com você, leitor, minhas experiências de vida pessoal e profissional, minhas reflexões, assim como minha vivência como *coach* de uma série de pessoas que resolveram discutir comigo o seu sagrado, ou seja, suas angústias e aflições, seus medos, desejos e sonhos.

Com certeza, podemos transferir informações; no entanto, não podemos transferir nossas vivências. Cada ser humano é um mundo à parte, repleto de convicções, modelos mentais e experiências, que nos fazem ser únicos neste nosso universo. Sendo únicos, nossas vivências são intransferíveis e só são válidas segundo o ponto de vista de cada um.

Este livro pretende, sim, dedicar-se a uma ousada tarefa: ser uma provocação para que você reflita sobre sua própria vida e perceba o quanto é responsável por ela, neste mundo caótico em que vivemos, no meio de uma imensidão de tarefas a serem realizadas, numa velocidade jamais imaginada por nossos pais e avós.

Ao longo da leitura, você poderá ver que recorri por diversas vezes aos dicionários da língua portuguesa e de filosofia. Creio que, ao longo do tempo, perdemos esse hábito que tanto nos ajuda a entender o significado das coisas a partir da origem da palavra e a relação entre suas variações.

Assim, vamos à primeira questão: o que é ser responsável? "Responsável", derivado do francês *responsable* [aquele que garante, que responde por], originalmente vem do latim *responsus*. É um adjetivo com algumas acepções: 1. Que responde pelos próprios atos e/ou pelos de outrem. 2. Pessoa responsável por alguma coisa ou alguém. 3. Indivíduo faltoso; culpado (Aurélio).

A esta altura, gostaria de chamar sua atenção para o fato de, no próprio dicionário da língua portuguesa do Aurélio, ser "responsável" estar relacionado a ser "culpado". É isso que acontece na prática. Entretanto, é proveitoso apresentar aqui essa conotação segundo outro ponto de vista, como sugere a definição de "responsabilidade" no Dicionário de Filosofia de Nicola Abbagnanno: "Possibilidade de prever os efeitos do próprio comportamento e de corrigi-lo com base em tal previsão". O conceito é diferente do de imputabilidade (do latim *imputatio*). Continuando: "O termo responsabilidade e seu conceito são recentes; aparecem pela primeira vez em inglês em 1787, com um significado político". Elogia-se alguém dizendo que é "responsável" ou que tem "senso de responsabilidade" quando se pretende dizer que a pessoa em questão inclui no seu comportamento a previsão dos possíveis efeitos dele decorrentes.

No entanto, para sermos responsáveis, precisamos tomar consciência dos nossos atos. Para isso é fundamental que, de vez em quando, possamos dar uma parada e então prestar atenção em nós mesmos. Hoje, vivemos com nosso piloto automático ligado, sempre respondendo a demandas do meio

INTRODUÇÃO

exterior e reservando muito pouco tempo para nossos questionamentos, avaliações e tomadas de decisão conscientes que nos permitam o sentimento de uma plena realização.

Sentir, refletir e agir a partir da matéria-prima básica que são as nossas emoções pode ser o grande começo da sua virada.

Escrever sobre o executivo, o super-homem solitário, é fruto de anos de trabalho e reflexão com meus clientes, somados à minha própria experiência profissional numa empresa multinacional, bem como da troca de ideias com outros executivos, profissionais liberais e empreendedores.

Ao longo de mais de 25 anos dentro do ambiente corporativo, pude perceber os executivos e suas angústias e, por fim, sua incrível solidão no momento de tomar decisões difíceis. Sempre tidos como referência, são quase que obrigados a virar "super-homens" sem poder sentir ou deixar transparecer seus medos, inseguranças, angústias e, o pior, sem ter com quem dividir essas situações. Isso não é ficção, são os fatos com que trabalho diariamente, no meu consultório.

Pretendo abordar, ao longo desta leitura, vários aspectos da inteligência emocional, tema desenvolvido pelo Dr. Daniel Goleman e que, para muitos, foi apenas um modismo dos anos 80. Seria pretensioso demais considerar a abordagem das emoções algo passageiro. Como trabalho há anos com o assunto e percebo o quanto nós, homens, vivemos num caldo cultural que nos afasta das nossas emoções, creio que convidar você, leitor, a meditar sobre esse tema será de extrema valia para sua vida pessoal e profissional.

Parece-me igualmente muito oportuno refletir sobre nossas vidas tendo, também como pano de fundo, o contexto da globalização. Vivemos todo o seu impacto e temos de lidar com esse cenário, independentemente de julgarmos se é bom ou ruim. O fato é que a globalização existe, vivemos os seus reflexos e temos de agir conforme suas regras. Mas no mundo globalizado também há benefícios e resultados positivos. O desenvolvimento das comunicações, a agilidade dos transportes, a informática, o desenvolvimento da medicina, entre outras coisas, são aspectos positivos e geram a necessidade de nos adaptar muito mais rapidamente a este novo mundo. O impacto da globalização atinge tudo: desde a maneira como temos de criar nossos filhos e trabalhar com nossas equipes no ambiente empresarial, até a maneira como nos relacionamos com as pessoas e com o mundo que nos cerca. Tudo isso está aí. É fato, é o mundo real, gostemos ou não. Vale aqui uma reflexão: como isso está atingindo você? Qual é a sua tendência nesse contexto?

Nesse cenário, é fundamental tratarmos de duas questões: o estresse no nosso dia-a-dia e a administração do tempo, um dos fatores mais estressantes para o homem moderno.

Hoje, somos forçados a fazer um número muito maior de escolhas que nossos antepassados. Desde o momento em que acordamos, impõem-se escolhas quase infinitas, entre marcas e produtos, como a escova de dentes, o papel higiênico, o sabonete que vamos usar, o cereal ou o queijo que vamos comer. As escolhas tornam-se complexas quando é preciso decidir o caminho até o trabalho, para tentar evitar o trânsito caótico das grandes cidades, e chegam a ser problemáticas quando se trata de selecionar alguém para liderar uma equipe de trabalho para o projeto x ou y.

Com quem você vai almoçar hoje? Com sua mulher, com quem há tempos não almoça, ou com um funcionário que está precisando de um conselho seu? Você vai ao *happy hour* hoje à noite ou vai assistir à primeira apresentação de balé da sua filha de oito anos? Amanhã você vai ao coquetel do seu concorrente ou vai levar seu filho ao jogo de futebol do seu time favorito? Quem você vai escolher para o novo cargo de diretor de projetos: o seu funcionário dedicado e capaz que há tantos anos trabalha com você, ou alguém de fora, com sangue novo e expcriência, que você "garfou" do concorrente?

Introdução

Temos de fazer escolhas a todo momento. Por isso, abordo a importante questão dos valores, que é um dos alicerces do meu cotidiano de trabalho. Hoje, vivemos uma crise de valores. São muitas as vezes em que deparamos com uma situação que revela o quanto a nossa vida está baseada nos valores dos outros, nos valores da mídia, ao invés de em escolhas nossas, fundamentadas em nossos valores internos. Não estamos acostumados a sentir e a refletir sobre o que é realmente importante para nós, o que inexoravelmente nos leva, em algum momento da vida, a um sentimento de frustração, arrependimento e tristeza, quando não a um horrível sentimento de culpa.

Neste momento, a abordagem dos valores feita pelo antropólogo Gregory Bateson é uma reflexão interessante. Ele afirma que os valores são a base para as nossas escolhas e, portanto, a base para administrarmos nosso tempo, pois administrar o tempo não é nada mais que eleger prioridades dentro do escasso tempo (escasso?) que Deus nos deu.

Vale ressaltar que nos cursos de administração de tempo que tenho ministrado, cerca de 90% das pessoas não sabem exatamente como gastam seu tempo e pelo menos 70% delas odeiam usar agenda ou qualquer outro instrumento de racionalização de tempo como *palmtops*, programas de computador etc.

A depressão parece ser o mal do século. No passado, quando se falava em depressão, parecia tabu ou coisa de alguém louco e desequilibrado. Hoje, talvez em decorrência da globalização, as pessoas têm encarado a depressão mais de frente. Outro dia, uma cliente mostrou surpresa ao perceber que, em um grupo de 12 pessoas, em sua maioria executivos, ela era a única que não tomava algum tipo de antidepressivo ou outra droga para dormir.

A Organização Mundial da Saúde estima que 10% da população mundial sofrem de algum grau de depressão. Em contato com o diretor de medicina preventiva de um dos grandes convênios médicos com sede em São Paulo, soube que cerca de 14% dos seus conveniados têm sintomas de depressão. Numa pesquisa com aproximadamente 800 pessoas, concluímos que cerca de 19% têm sintomas de algum grau de depressão. Esses dados são importantes para as organizações porque podem explicar alguns comportamentos, como falta de motivação, desânimo, conflitos, ou o "pavio curto" de alguns executivos que podem levar a um processo de esgotamento [*burnout*].

A prática de alguma atividade física e o riso são abordados no capítulo 9. Ambos são uma boa receita para levar uma vida saudável. Também recomendo fortemente que você tenha sempre o acompanhamento de um médico de confiança. Procure criar um vínculo de proximidade com seu médico. A figura de seu médico é muito importante, sempre.

No capítulo 11 abordo a questão do "Reconhecimento", mola propulsora e motivadora para muitas pessoas que podem tornar-se reféns da armadilha da dependência, tão bem instalada no mundo corporativo. Equilíbrio e sensatez podem ser a chave para desarmar essa armadilha que, com certeza, começou a ser montada pelos nossos pais e mais tarde pelos nossos mestres.

Em um mundo de mudanças, planejamento é uma palavra que tem exacerbado paixões dentre os acadêmicos. Neste livro, proponho uma reflexão serena sobre planejamento, para que você possa encontrar o seu próprio caminho. Encaro o planejamento como um processo contínuo, que não pára nunca, e por isso útil para imprimir uma direção à sua carreira e à sua vida pessoal. E, antes de tudo, é um instrumento que o obrigará a parar para pensar sobre o que você está construindo e que direção está tomando.

Planejar, no entanto, é apenas ter um instrumento de navegação, mas pode ter certeza de que o universo é generoso com você. Ele está sempre lhe enviando sinais. Com intuição e serenidade, você pode captar esses sinais com a maior facilidade. Mais uma vez, a responsabilidade pela sintonia é só sua. Ninguém pode fazer isso por você!

Se, depois de refletir sobre todos esses assuntos, você sentir a necessidade de dividir essas questões com alguém que possa contribuir com seu momento de vida, reflita sobre a possibilidade de ter a ajuda de um profissional. No capítulo 14 você irá encontrar não só a descrição do papel de um *coach*, que metaforicamente associo ao papel de um diretor de cinema, mas com as vantagens de um olhar externo de alguém que é tecnicamente preparado e em quem você pode confiar quanto ao encaminhamento de questões fundamentais da sua vida pessoal e profissional. Sendo uma atividade ainda recente no Brasil e no mundo, procurei dar uma visão geral sobre esse tema.

Para terminar esta introdução, quero mencionar minha crença inabalável na tremenda solidão vivida pelos executivos super-homens. Porém, esses momentos de solidão fazem parte da dinâmica da vida e podem ser superados. Temos, sim, uma força extraordinária que, com o aprimoramento do nosso autoconhecimento, pode ajudar-nos a administrar esses momentos.

Faço um convite para que você entre nesse mundo de múltiplas possibilidades, reflita e faça um balanço para poder encontrar seu próprio caminho e levar uma vida mais plena e feliz.

CAPÍTULO I

A SÍNDROME DO EXECUTIVO: O SUPER-HOMEM SOLITÁRIO

André, até então, poderia ser considerado um executivo de sucesso! Nasceu em uma cidade pobre do interior do Rio Grande do Sul. Sendo o mais velho de três irmãos, foi o primeiro a ser convocado para trabalhar, já aos nove anos, no armazém de secos e molhados do pai. Carregando caixotes, dividia seu tempo entre o trabalho e a escola. O pai, seu Esperidião, achava que estava fazendo o melhor.

Ensinando a trabalhar e dando responsabilidades para o guri, sonhava que seu filho um dia fosse para uma faculdade tornar-se doutor. Seria o orgulho da família e exemplo para os dois irmãos.

André estudou, e já com dezoito anos trabalhava num pequeno banco rural da cidadezinha do interior que colhia o progresso dos plantadores de soja. Casou-se com dezenove e teve dois filhos, uma menina e um menino. Casado com Alcira, resolveu tentar a cidade grande. Queria fazer faculdade, inglês e estudar espanhol. Estava à procura de novos desafios.

Alcira não gostava da ideia de abandonar suas raízes do interior do Rio Grande do Sul para se meter na loucura de São Paulo. No entanto, não resistiu e aceitou acompanhar o marido. André foi trabalhar no ramo de telecomunicações. Afinal, o setor estava muito aquecido e pagava bons salários.

Chegando a São Paulo, com promessas do novo empregador, recebeu um carro zero, casa alugada e ajuda de custo para a escola dos filhos e, claro, um salário compensador. Com a fácil adaptação dos filhos à escola, com um novo emprego para a mulher no ramo de perfumaria e com o novo cargo, ele estava muito feliz.

Depois de algum tempo, no entanto, o chefe negou-lhe uma promoção e André percebeu que, quando tratava de assuntos dos grandes clientes, havia algo de estranho no ar. Percebeu que estava atrapalhando interesses de ordem pessoal do seu chefe e que este agia de forma não muito ética.

De uma maneira geral, André não confiava nas pessoas. Em casa, não podia dividir nada com a esposa. Estava estressado, mal podia dormir, e seu coração começou a apresentar arritmias. Dores de cabeça, tensão nos ombros e sudorese noturna faziam parte do seu cotidiano. Não sorria mais e estava sempre mal-humorado.

Angustiado, André começou sentir que estava fracassando e não podia dividir suas angústias com mais ninguém. Foi quando procurou a ajuda de um profissional de *coaching*. O aconselhamento foi fundamental para uma grande mudança, tanto na área profissional como pessoal. André mudou de emprego e hoje trabalha em uma congênere, em Belo Horizonte. Sua mulher e seus filhos tiveram uma adaptação mais fácil; ele está fazendo uma especialização em telecomunicações e hoje está muito mais feliz e com um grande sentimento de realização.

Outros casos como o de André fazem parte do cotidiano em que os executivos vivem atualmente. As histórias podem ser diferentes, no entanto, o contexto é mais comum do que imaginamos.

Outro dia trocava ideias com um amigo, que é presidente de uma empresa, sobre o projeto deste livro. Quando mencionei que o título falava do executivo solitário, ele teve uma primeira reação bastante interessante: "Não acho que sou solitário; ao contrário, sempre tenho um monte de gente ao meu redor me solicitando, me questionando e forçando a barra, principalmente em momentos de crise e tomada de decisões. Como se não bastasse", continuou ele, "quando saio do trabalho, tenho compromissos sociais e familiares, ou seja, estou sempre rodeado de pessoas". Nesse ponto eu comentei: "Pois é, meu caro, cheio de gente ao seu redor, muita solidariedade, mas ninguém sabendo das sensações que estão na sua intimidade. Ou ainda mais, no momento exato de tomar uma decisão, cinco segundos que sejam, que dependem da sua assinatura, você se sente só". Ele logo entendeu o que eu estava tentando dizer e concluiu: "Pois é, por maior que seja o número de colegas, amigos e familiares, desse ponto de vista tenho muitas vezes a sensação de estar só".

Solidão 1. *Estado de quem se acha ou se sente* desacompanhado ou só; isolamento; 2. *Sensação* ou situação de quem vive afastado do mundo ou isolado em um meio social.

Gosto muito de recorrer à linguística para avaliar as palavras e perceber mais sobre elas. Às vezes expressam coisas que, na origem, querem dizer muito, mas perdem seu significado ao longo do tempo. Conclua você mesmo, que está lendo este livro agora, como a própria definição de solidão no dicionário da língua portuguesa do Houaiss fala de um *"estado e de um sentimento"*. Ou seja, podemos estar rodeados de pessoas, como na história do meu amigo que acabo de citar, e mesmo assim *podemos sentir-nos sós*.

Eu sei muito bem o que é sentir-se só. Reconheço esse sentimento que tantas vezes vivenciei, seja quando perdi minha mãe aos sete anos de idade, seja quando, por sobressaltos da vida, me afastei de irmãos, do meu pai e da minha ex-mulher depois de 19 anos de relacionamento, ou quando saí da empresa à qual dediquei 11 anos da minha vida profissional.

Afinal, assim é a vida humana. Podemos ter muitas pessoas solidárias ao nosso redor. Gente boa, torcendo por aquilo que nos estamos propondo fazer. No entanto, na hora de tomar as decisões, você sempre se sente só. O momento de assinar um papel, uma ordem, uma separação, são momentos só seus. E você, e ninguém mais, é responsável por sua vida e seus atos. Sempre digo: o médico pode até ter dado uma forcinha para que pudéssemos nascer, mas quem passou pela experiência de nascer foi cada um de nós!

E o mais interessante é que, nos processos de transformação pelos quais passamos na vida, sempre será assim, inclusive no momento da nossa morte. Será uma experiência única e solitária!

Em 1979 me formei em economia pela Universidade Mackenzie. Minha cabeça sempre foi estimulada mais para o raciocínio do que para as emoções e, trabalhando desde os doze anos, tinha uma formação direcionada para o mundo dos negócios. No meu primeiro casamento, minha mulher, depois de formar-se em economia, resolveu fazer fisioterapia, e investimos em um projeto de uma clínica cujo propósito era a busca constante do bem-estar das pessoas dentro de uma visão menos mecanicista. Ali, começaram a se manifestar as mudanças na minha forma de existir.

Na clínica percebíamos claramente que os problemas de coluna dos executivos que nos procuravam tinham como origem problemas posturais e um alto grau de estresse ao qual se submetiam no seu dia-a-dia.

Algo marcante, porém, aconteceu comigo. Trabalhando como executivo durante o dia e à noite resolvendo os problemas da clínica, acabei sofrendo dos males do estresse. Dores no peito, taquicardia, alteração da pressão e desmaios me levaram ao cardiologista que imediatamente me pediu um cateterismo.

Fugindo dele como o diabo da cruz, fui procurar uma segunda opinião. Após uma longa conversa e avaliações com o Dr. Setsuo Matsuoka, da Clínica São Paulo-Cor, o diagnóstico, sem a necessidade de um cateterismo, era que meu coração ia muito bem, obrigado. No fundo eu estava apenas estressado.

Já que esse era o diagnóstico, resolvi descansar e dar uma parada por alguns dias. Senti-me novamente muito só e com uma sensação muito ruim, pois, ao começar a me questionar para onde estava encaminhando a minha vida, pude perceber claramente que estava na direção errada. Resolvi que precisava mudar e, mais do que isso, precisava tomar uma atitude e buscar dentro de mim uma maneira diferente de lidar com os meus problemas, mudando de estilo de vida. Esse mergulho dentro de mim propiciou-me um método bem estruturado de como iria administrar o meu estresse. Como fruto dessa reflexão, consegui sair da crise e passei a trabalhar com grupos em administração de estresse, a partir do método que tinha criado para mim mesmo. Sozinho, tomei uma decisão para resolver o meu problema e, em consequência, passei a ajudar outras pessoas.

Essa nova postura gerou em mim mais equilíbrio e, depois de alguns meses, fui chamado para uma função diretamente ligada ao presidente da empresa em que eu já trabalhava. Aí veio outra decisão solitária. Deveria mudar de área? Não seria melhor continuar na área internacional em que eu já atuava e que conhecia bem? Tudo era novo e eu estava correndo sérios riscos. Caso não desse certo com o trabalho diretamente vinculado com o presidente, em um cargo de alta exposição, o caminho seria a rua. Para onde eu queria ir?

Aceitando o desafio, passei a trabalhar com assuntos corporativos da empresa e a participar do seu planejamento estratégico. Nesse ponto, mais uma vez meus questionamentos sobre o comportamento humano me bateram à porta. Por que as pessoas não se comprometiam com seu trabalho e com planos de trabalho? Todos participavam e opinavam, porém as ações não aconteciam.

Nessa altura, trabalhando com grupos de estresse e com esses questionamentos sobre os processos de motivação, mergulhei de cabeça nas questões do comportamento humano e comecei a estudar e pesquisar esse tema.

Já naquela época dos anos 80, eu percebia o quanto os executivos sofriam de solidão. Quantas máscaras, quantas armaduras cobrindo fragilidades absolutamente humanas. Tudo é ilusão e teatro. Hoje percebo ainda mais.

Como mencionei na Introdução, meu objetivo é fazer você refletir sobre si mesmo, seu ambiente, e o mais importante de tudo: sentir as emoções que essas reflexões disparam dentro de você. Pois, afinal, as respostas e as receitas estão aí dentro.

Quando é que nós, homens e mulheres, vamos tomar coragem de admitir nossos medos e angústias? Quando vamos realmente admitir que não somos super-homens? Quando teremos um ambiente corporativo em que se dê mais valor aos talentos de cada um do que à capacidade de mascarar as fragilidades para mostrar uma suposta coragem como atributo? Para alguns, a decisão poderá vir tarde demais! Podem ser atacados pelo que chamo de "síndrome do executivo", da qual brota o que chamei de o "super-homem solitário".

ALGUMAS QUESTÕES PARA VOCÊ REFLETIR:

- Você acha que, apesar de interagir com muita gente, há horas em que nos sentimos sozinhos?
- Você se lembra de episódios da sua vida em que realmente se sentiu só?
- Você já teve medo em momentos de tomar decisões importantes?
- Nesses momentos você teve alguém para dividir o assunto?
- Quem são as pessoas nas quais você realmente confia para partilhar esses momentos?
- Com quem você pode falar sobre seus medos e suas angústias de maneira realmente aberta?
- De que modo, na sua vida profissional, esse tipo de solidão o afeta?
- O que você ganharia na sua vida pessoal e profissional se tivesse alguém para dividir essas questões?

* * *

DICAS:

- Experimente falar francamente com alguém em quem você confia.
- À medida que nos expressamos e colocamos para fora nossos medos e inseguranças, eles tendem a diminuir de intensidade.
- Se não conseguir alguém para falar sobre seus medos e aflições, procure um profissional. Faça essa experiência sem preconceitos. Ouse libertar-se.
- Uma ideia interessante: escreva os medos e angústias numa folha de papel. Depois leia essa folha respirando bem devagar e perceba como você se sente a partir daí.

CAPÍTULO 2

O SUPER-HOMEM SOLITÁRIO COMPETINDO NO MUNDO GLOBALIZADO

Chegamos ao século XXI num ambiente empresarial em que somos cobrados a ser super-homens, como já dizia Friedrich Nietzsche em seu "Assim Falou Zaratustra". Na realidade, ele queria dizer sobre-humano *(Übermensch)*.
Nietzsche pensava na ideia da "inclinação ao poder" que nós, seres humanos, temos como mola propulsora e valor de motivação. Seria limitado pensar apenas na parte negativa desse impulso, mas vale a pena ressaltar que, mais do que nunca, esse poder está ligado ao nosso ego. Títulos, nominações, bens materiais, cargos e posições são efêmeros e nos levam a essa "inclinação ao poder" e a competir.
Neste mundo globalizado em que a competição se torna cada vez mais exacerbada, não há muito espaço para vacilações. Ao mesmo tempo vivemos num mundo em que a velocidade da mudança é muito grande, colocando-nos em constante estado de ameaça diante do desconhecido. Tudo é muito rápido e tão fugaz. É o que o filósofo francês Gilles Lipovetsky chama de "hipermodernismo".
"Por toda parte, as palavras-chave das organizações são flexibilidade, rentabilidade, *just in time*, 'concorrência temporal', atraso-zero – tantas orientações que são testemunho de uma modernização exacerbada que contrai o tempo numa

lógica urgentista", afirma Lipovetsky (*Os tempos hipermodernos*, Editora Barcarolla, 2004, p. 63).

Por outro lado, crescemos com a visão dos quadrinhos de Siegel e Shuster, criadores do personagem "Super-homem", que pressupõe um homem que enfrenta tudo e não tem medo de nada. Contudo, o Super-homem era solitário, pois não podia dividir com ninguém sua verdadeira identidade. Tinha sempre de ser apenas o famoso jornalista Clark Kent. Nesse tipo de ambiente em que crescemos, não devemos expressar nossas emoções para não sermos os mais fracos.

Quando ingressamos numa organização não podemos ter medos, superstições, descontroles nem sermos emotivos. Na vida pessoal e profissional precisamos ser dotados de harmonia, equilíbrio, raciocínio e frieza para enfrentar crises e trazer resultados, num ambiente onde qualquer provocação de um colega pode significar perda de espaço, contrapondo-se à nossa "inclinação ao poder".

Como se não bastasse, temos de encontrar equilíbrio para acompanhar o crescimento de nossos filhos, cuidar da sua educação, participar das reuniões de pais e mestres.

A cada dia, vemos o conflito de super-homens executivos, que não podem vacilar e cometer erros, e de mulheres executivas, que chegam a mudar até o tom da voz, tornando-a mais masculina, e também sua postura, projetando em demasia o peito, colocando as mãos para trás e tornando sua musculatura mais rígida para se impor num mundo que até pouco tempo era exclusivo do homem.

Acho que chegou o momento de as mulheres pararem para pensar sobre sua capacidade natural de reconhecer emoções e dividir sentimentos com os outros, e sua extraordinária capacidade de socialização, percebendo o quanto esses atributos podem ser vantajosos dentro do ambiente de trabalho e na motivação de suas equipes, ao invés de se embrutecerem como os machos caçadores.

As mulheres executivas ainda têm de cuidar da administração da casa, da sua aparência pessoal, dos filhos e por aí vai.

Nos dias de hoje, o que percebemos é que não basta estarmos cercados de pessoas para nos sentir acompanhados. Muitas vezes é como se estivéssemos no meio da Praça da Sé, em São Paulo, ou na Times Square, em Nova York, cercados por uma multidão de pessoas e ao mesmo tempo completamente solitários.

O resultado é que homens e mulheres colocam suas vestimentas e máscaras de super-heróis e vivem a angústia de novos papéis, sem ter com quem dividir seus sentimentos. O Super-homem é solitário e tem de esconder seus superpoderes para poder amar e se apaixonar. O que mais nos faz falta nas relações pessoais, inclusive no ambiente de trabalho, é a cumplicidade. Há falta de cumplicidade nas amizades, no casamento, nas relações de trabalho e de família.

Chamo de cumplicidade a atitude impulsionada por aquele sentimento de que podemos dividir nossas vivências com o outro, dando-lhe suporte para uma ação e dizendo: "Aconteça o que acontecer, estarei ao seu lado".

Como esperar isso das pessoas no ambiente de trabalho, onde existe uma competição implacável? Como esperar cumplicidade quando o erro é algo inadmissível? Como esperar cumplicidade num ambiente em que, em geral, se pensa apenas no bônus do final do ano?

O que importa, no entanto, não é discutir se o contexto é certo ou errado, mas sim perceber de que maneira ele nos afeta e como administrar essa situação. O fato é que isso acontece e torna o executivo esse super-homem solitário no meio da multidão.

Sentimos medo, angústia e estresse, sem poder dividir esses sentimentos com ninguém. Passamos a ter uma postura sobre-humana. Colocamo-nos como super-homens quando, na verdade, não dispomos de superpoderes. E assim nos desgastamos física, psicológica e mentalmente, desencadeando uma depressão que pode destruir nossa saúde e nossos relacionamentos. Estados depressivos acontecem muito mais do que podemos imaginar.

A depressão está presente entre 12 e 19% das pessoas do planeta, dependendo da pesquisa.

Em levantamentos que realizei com mais de 600 pessoas, a falta de tempo foi considerada o principal fator de estresse.

Creio que vale a pena perceber que não somos super-homens e admitir que somos seres falíveis e imperfeitos, em busca de desenvolvimento. Não somos um projeto acabado, mas sim em plena fase de execução e evolução.

Se nos percebermos dessa maneira, estaremos dando uma chance a nós mesmos e também aprendendo a dar uma chance ao próximo. Se não fossem os erros de nossos antepassados, não poderíamos desfrutar hoje da luz e da energia elétrica, assim como não poderíamos sobrevoar o Oceano Atlântico à noite e tomar café da manhã em Londres ou Paris.

A busca da perfeição é um atributo humano, porém, quando desequilibrada, pode revelar um perfeccionista ou um inseguro que está sempre se menosprezando e limitando o reconhecimento dos seus verdadeiros talentos.

ALGUMAS QUESTÕES PARA VOCÊ REFLETIR:

- Como você se sente frente às exigências do mundo corporativo contemporâneo?
- O que você mudaria na sua vida profissional para que ficasse alinhada com o que você sente e deseja?
- De que maneira a competição o afeta positivamente e negativamente?
- Quais são suas reações quando você comete erros?
- Como eram suas reações e as das pessoas que o cercavam quando você cometia erros, na infância e na adolescência?

***

DICAS:

- Identifique seus padrões de comportamento quando cometia erros no passado e nos dias atuais, fazendo as conexões, se houver.
- Observe com quem você se sente competindo e veja se essa competição não é uma fantasia só sua.
- Reflita o quanto você tem aprendido com seus erros e perdoe-se por eles.
- É normal nos culparmos por nossas falhas. A maioria das vezes, fazemos o melhor possível com os recursos disponíveis no momento de nossas ações.
- Procure viver o momento presente como um novo agora. O passado já está cristalizado e você não pode mudá-lo!
- Procure um amigo para poder dividir suas aflições. Este pode ser real ou imaginário.
- Num processo terapêutico ou de *coaching*, o principal ator para a solução dos problemas é você.

CAPÍTULO 3

O VELHO PARADIGMA: SER EMOCIONAL É SER MAIS FRACO

Grandes líderes são aqueles que inflamam nossas paixões e nos inspiram o que temos de melhor.
Grandes líderes são aqueles que trabalham através das emoções.

Daniel Goleman, Primal Leadership.
Cap. 1 Harvard Business School Press

Pare de chorar, menino! "Homem que é homem não chora", como canta Martinho da Vila.

Nós, homens, aprendemos isso logo no início da vida. Somos treinados desde cedo a não expressar nossas emoções. Mulheres, na nossa cultura, querem homens fortes, não importando aí o conceito de igualdade. Como diz o ditado, as mulheres não querem galos que choquem os ovos! Demonstrar nossa tristeza não é permitido e assim passamos a renegar esse e outros dos nossos sentimentos. Claro que numa sociedade patriarcal e machista esconder as emoções é um ato mais acentuado nos homens. Entretanto, isso não é uma exclusividade masculina. Na sociedade ocidental, isso ocorre também com as mulheres, principalmente quando do buscam "substituir os homens" no desempenho profissional.

Assim, aprendemos a não demonstrar o que sentimos e nos distanciamos das nossas emoções, chegando a ponto de sequer termos a capacidade de reconhecê-las, expressá-las ou denominá-las.

Em minha atividade como *coach*, muitas vezes dedico várias horas de trabalho para ajudar as pessoas a apenas aprender a perceber se o que estão sentindo é agradável ou não. Dar nome à emoção é outro estágio mais complexo, quando de complexo não existe nada nesta área. E sabe por quê? Porque qualquer recém-nascido sente e expressa alegria, tristeza, medo, raiva, amor e surpresa. Esses sentimentos, que chamamos de emoções básicas, têm sua origem no sistema límbico e nos acompanham até o final de nossas vidas. Essas emoções primitivas não exigem consciência.

O sistema límbico é um conjunto de estruturas cerebrais complexas situadas ao redor do tálamo e abaixo do córtex cerebral. Fazem parte principal da estrutura do sistema límbico o hipotálamo, o hipocampo, a amídala e o giro do cíngulo. Estes centros surgiram nos mamíferos, sendo fundamentais para o processo de luta ou fuga, processo este relacionado ao estresse, quando existe uma ameaça real ou imaginária.

Nos seres humanos, o sistema límbico está relacionado aos centros da afetividade e é responsável por respostas naturais do processo reprodutivo, da sensação da fome e da reação a agressões.

Dentro do sistema límbico, a amídala é uma parte importante, pois é o centro de processamento da memória. Para termos uma ideia, um paciente com uma lesão na estrutura da amídala é incapaz de perceber expressões de alegria ou tristeza na face de uma pessoa.

Estudiosos da inteligência emocional realizaram pesquisas nas quais crianças apresentavam dificuldade para reconhecer os sentimentos de suas mães com grande quantidade de botox no rosto, deixando-as confusas e inseguras.

Como o sistema límbico está em constante interação com o córtex cerebral, e a uma grande velocidade, é possível explicar como facilmente perdemos o controle sobre nossas emoções.

O VELHO PARADIGMA: SER EMOCIONAL É SER MAIS FRACO

Existe outra classe de emoções que chamamos de emoções cognitivas, secundárias ou complexas, que são desencadeadas a partir de um processo mental consciente, com a atuação das áreas do córtex cerebral e do sistema límbico. Portanto, essas emoções dependem de um processo que passa pelas nossas experiências e aprendizagem.

Essas emoções estão diretamente relacionadas com a nossa avaliação da situação. O medo de um animal é uma emoção primária, enquanto que o medo de perder o emprego é uma emoção secundária, pois sua origem se deve a diversos acontecimentos e reações emocionais primárias; são emoções que vêm de uma cognição, isto é, estão relacionadas com nosso medo (de um urso, por exemplo, um medo primário).

A única emoção com a qual não nascemos é a culpa. Esta nos é transmitida pelos pais, professores e por uma grande parte das religiões. É um sentimento horrível que nos põe em um processo de arrependimento e ameaça constantes, uma vez que todo culpado "deve ser castigado".

Vivemos com esse sentimento e muitas vezes já nos colocamos, *a priori*, em posição de negação da culpa, não assumindo assim a responsabilidade por nossos atos.

Nos nossos dias, é muito comum ligarmos para uma central de atendimento ao cliente para fazer uma reclamação de um serviço ou produto, e a operadora do outro lado da linha disparar o sentimento de culpa com o tradicional comentário: "Senhor, desculpe-me, isso não é culpa minha, mas do sistema de vendas". É uma resposta natural e nada profissional!

Por outro lado, é comum vermos pessoas que não impõem limites aos outros por "medo de magoar o próximo" e depois se sentem culpadas.

Quando crescemos sem reconhecer nossas emoções, temos dificuldade em lidar com nós mesmos, o que dificulta ainda mais compreender aqueles com quem nos relacionamos e abrir espaço para discussões.

Quando levamos esse padrão para o ambiente empresarial, sentimos uma grande dificuldade em trabalhar em equipe, motivar funcionários, comunicar-nos com os colegas e obviamente liderar pessoas.

A cada dia que passa fica mais e mais comprovado que grandes líderes podem até ter um grau de QI dentro da média, mas o que os diferencia é o alto grau de QE, que expressa seu nível de inteligência emocional.

Liderar, nos dias de hoje, é liderar relacionamentos. Pesquisas demonstram que, para o perfeito exercício da liderança, é necessário ter 30% de conhecimento técnico e 70% de conhecimento do gerenciamento de relacionamentos e emoções. Por isso é fundamental desenvolvermos nossa inteligência emocional, o que significa desenvolver nossa capacidade de reconhecer emoções, as nossas e as alheias, e saber lidar com elas de maneira apropriada dentro do contexto em que estamos atuando.

No entanto, temos de tomar consciência da necessidade de quebrar um velho paradigma do mundo corporativo: "ser emocional é ser mais fraco". Sem dúvida um indivíduo que é apenas emotivo torna-se frágil neste mundo ameaçador em que vivemos. Por outro lado, o indivíduo racional que não dá vazão a seus sentimentos e nem os reconhece com certeza não terá habilidade para lidar com pessoas e não terá condições de liderar, a não ser pela imposição, o que fatalmente não trará sucesso a longo prazo.

Chefes autoritários e centralizadores até conseguem resultados. Entretanto, a pergunta que fica é: dados os vários atributos de um líder, que resultados adicionais poderiam ser alcançados se fossem mais flexíveis, ouvissem mais seus colaboradores e os estimulassem a tomar decisões?

Por outro lado, a vida do centralizador autoritário seria mais leve. Afinal, ele se sentiria mais seguro, teria menos medo, não sofreria tantas frustrações com a impossibilidade de controlar tudo e seria menos estressado. Com certeza, teria uma vida mais prazerosa, mas não às custas de adrenalina!

Delegar é algo que incomoda muitas pessoas. Isso é natural, uma vez que delegar é transferir alguma tarefa para o outro, e, nesse movimento, perdemos o controle do processo, o que pode parecer ameaçador. No entanto, se soubermos delegar a partir de uma comunicação adequada e com clareza dos objetivos a serem atingidos, motivando e comprometendo as pessoas, a tarefa de delegar torna-se mais fácil.

Encontramos pessoas que dizem: "Até eu explicar o que quero, prefiro fazer eu mesmo, com a certeza de que farei certo". Esta é uma visão equivocada do ponto de vista da liderança, uma vez que essas pessoas acumulam trabalho, desestimulam seus colaboradores e se estressam com frequência, comprometendo seus próprios resultados.

Outro aspecto relevante é você levar em conta que não adianta querer que alguém faça as coisas 100% igual a você. Como diz Larry Hart, cronista do periódico *Atlanta Business Chronicle*, "use a regra dos 80%. Ninguém pode fazer o trabalho como você faz (ou pensa que faz), portanto delegue quando o trabalho puder preencher 80% das suas expectativas".

Por outro lado, vemos pessoas que, quando delegam, transferem sua responsabilidade para os subordinados ou os colegas de trabalho e, pior ainda, não acompanham os resultados e prazos quando pré-estabelecidos. Aí a desculpa é: "Vejam como não posso delegar nada. As coisas não dão certo!".

Assim é fundamental que, ao delegar, alguns passos sejam seguidos:

1. Avalie se a pessoa para a qual está delegando algo está capacitada a realizar a tarefa, seja por conhecimentos técnicos, atributos e/ou experiência.

2. Comunique adequadamente e de maneira clara quais são o propósito, a meta e o resultado esperado, motivando o delegado.

3. Escreva o que você combinar, evitando a síndrome do "eu não sabia".

4. Tente discutir com o delegado alternativas hipotéticas para alcançar o resultado.
5. Estipule prazos e esclareça o critério de avaliação não só do resultado, mas da trajetória a ser seguida.
6. Faça o acompanhamento da execução. *Follow-up* é fundamental.
7. Dê um *feedback* durante o processo e ao seu final.
8. Premie quem efetuou a tarefa. Seja criativo nas premiações. Às vezes podem ser palavras de reconhecimento, um jantar com a esposa ou um fim de semana caprichado.

Com esse procedimento, que na verdade é um treinamento constante, conseguiremos delegar mais facilmente e nos tornar menos centralizadores, adquirindo autoconfiança e estimulando aqueles que trabalham à nossa volta.

Só poderemos agir dessa forma se nos perguntarmos: que tipo de sentimento há dentro de mim que me impede de delegar minhas tarefas? Este medo é proporcional ao evento com que estou lidando? Qual realmente é o risco que estou correndo?

Reconhecendo nossas emoções e aprendendo a lidar com elas de maneira objetiva e pragmática nos tornamos emocionais e, ao contrário do que se imagina, nos tornamos mais fortes!

ALGUMAS QUESTÕES PARA VOCÊ REFLETIR:

- Você conhece alguém que fale com tranquilidade das próprias emoções?
- Você acha que a pessoa pode ser mais livre e mais inteira se tem maior capacidade de expressar suas emoções?
- Você se considera uma pessoa que expressa com facilidade as emoções?
- Você se sente mais racional ou emocional?
- Como você avalia a questão da emoção no ambiente de trabalho?
- Na hora de escolher um profissional, qual peso você dá para a capacidade de conhecer e expressar as emoções?
- De que maneira a emoção afeta seu processo de delegação?

* * *

DICAS:

- Procure, várias vezes durante o dia, fazer a pergunta: que emoção estou sentindo agora?
- Comece identificando se o sentimento é bom ou ruim, se é novo ou antigo.
- Procure sempre dar nome ao que você está sentindo: que emoção ou que sentimento é esse? Este processo lhe dará mais tranquilidade e lhe conduzirá a um maior autoconhecimento.
- Ajude os outros a reconhecer suas emoções. Quando alguém ao seu lado não estiver bem, pergunte o que ele está sentindo, ao invés de perguntar "qual é o seu problema?"
- Nenhuma emoção se fixa permanentemente. Reconhecer o que se está sentindo é o primeiro passo para modificar um determinado estado.

CAPÍTULO 4

O SUPER-HOMEM
E A TOMADA DE DECISÕES

Descobrimos que muito pouca emoção produz efeitos profundamente deletérios na tomada de decisão e talvez seja tão prejudicial quanto se considera a emoção excessiva.

Antonio R. Damásio

"In medio virtus." A virtude está no meio.

Aristóteles

Decisões, decisões e mais decisões.

O X de tomar boas decisões não está em tomar as decisões acertadas, mas sim em manter o seu foco nas coisas certas.
Chris Newll, Diretor executivo da Lotus Development Corp.
Cambridge, Massachusetts

Indo para a essência do nosso dia-a-dia, o que fazemos o tempo todo é tomar decisões. E indo direto ao ponto, o mundo corporativo é o campo onde mais tomamos decisões no nosso dia-a-dia. Claro que, como seres humanos, tomamos decisões a todo momento e a toda hora. Mas no mundo dos negócios a tomada de decisões se torna exacerbada. Sempre estamos decidindo algo. Desde a resposta a um simples *e-mail* até uma decisão estratégica para definir os rumos de um produto ou processo industrial. No mundo corporativo, uma decisão pode ter impactos pequenos ou muito importantes, afetando grandes valores e um grande número de pessoas.

Mas o que faz com que tomemos boas decisões?

Pelo que tenho observado ao longo da minha vida, a tomada de boas decisões pressupõe um perfeito equilíbrio entre um processo racional e uma boa dose de intuição. Mas o importante é você abrir espaço para que possa cometer erros, caso contrário você não irá tomar boas decisões ou, em geral, as tomará, mas fora do tempo apropriado.

A serenidade é importante para que você tenha confiança em si mesmo. Confiança, no dicionário da língua portuguesa do Aurélio, é definida como "segurança íntima de procedimento". Se você não está sereno não poderá "sentir" a confiança dentro de si mesmo e talvez venha a tomar a decisão menos acertada.

O famoso computador Deep Blue jogou em 1996 contra o enxadrista Gary Kasparov, campeão mundial de xadrez. O Deep Blue ganhou a primeira partida, mas perdeu o jogo. Kasparov usou uma combinação de lógica, estratégia e intuição para jogar com a força descomunal de um computador capaz de examinar cerca de 200 milhões de alternativas por segundo. A desvantagem do computador e da lógica é a falta de flexibilidade.

E, falando em flexibilidade, é importante que grandes decisões sejam tomadas não de afogadilho, mas depois de uma noite bem dormida.

Serenidade para tomar decisões é importante. Respeitar a intuição é importante. Uma vez, participei como entrevistado de uma matéria para o jornal *Gazeta Mercantil* intitulada "Na dúvida, o que vale mesmo é a intuição", veiculada em abril de 2001, a qual expunha o que vários executivos pensavam sobre a importância da intuição na tomada de decisões.

Sem serenidade sua intuição pode ser atrapalhada e você talvez não obtenha uma real visão da situação.

Lembre-se, a tomada de decisão é sempre algo solitário. Se errar, o mundo não irá acabar. Mas decida com sabedoria.

O SUPER-HOMEM NÃO TEM LIMITES

Aqui não se trata de impor limites à sua capacidade criativa. Porém, não podemos agir como se fôssemos super-homens ou sobrenaturais. Temos limites, sim, e estes são determinados pelo equilíbrio entre nosso corpo, nossa mente, nosso espírito e nossos relacionamentos, na medida em que vivemos em grupos fora e dentro do ambiente profissional.

Uma mente que não pára não pode ser criativa. Um corpo que não descansa não tem combustível para trabalhar por muito tempo. Quando falta uma conexão espiritual, seja ela qual for, perde-se o sentido da vida e tudo fica muito rasteiro. Quando os relacionamentos se esvaem, ficamos pobres de propósitos.

Dependendo do contexto, existem situações que exigem um maior empenho dos executivos. Crises provocadas por situações de mercado, avanços inesperados do concorrente, crises econômicas e tantas outras situações podem vir a exigir uma maior dedicação de tempo, viagens ou mais energia para "apagar incêndios". Porém, até nesses momentos devemos reconhecer nossos limites para não pormos tudo a perder. Um general deve reconhecer seus limites e os de suas tropas para saber quando avançar e quando recuar numa batalha, a fim de ganhar a guerra.

Por sorte, a grande maioria das pessoas procura um trabalho de aconselhamento antes da batalha final e aí, com calma, busca restabelecer o equilíbrio. Outras, no entanto, só o fazem no momento do desespero, quando a crise já chegou ao ponto da falência, do desemprego ou do divórcio. Nesse estágio avançado, o desequilíbrio é de tal ordem que se gasta muito mais tempo e energia para se recolocar a locomotiva nos trilhos.

ALGUMAS QUESTÕES PARA VOCÊ REFLETIR:

- Você já tinha pensado que estamos sempre tomando decisões, querendo ou não?
- Você concorda que a serenidade faz a pessoa ter mais confiança em si mesma, contribuindo para tomar decisões mais acertadas?
- Qual sua opinião sobre a intuição nos processos de decisão?
- Você acredita que as pessoas são mais criativas sob pressão?
- Você acha fácil silenciar a mente, ou parece que tem mil vozes que falam ao mesmo tempo?

* * *

DICAS:

- Concentre-se no tema que está em discussão.
- Aprenda a ouvir diferentes opiniões.
- Busque a opinião de quem está fora do problema, de um observador.
- Procure entender com clareza o contexto e o cenário em que você irá tomar a decisão.
- Escute seus pares e faça uma lista de perdas e ganhos diante da decisão a ser tomada.
- "Ouça" sua intuição.
- Alinhe a decisão com os valores e propósitos seus e da empresa.
- Avalie as variáveis em que você pode interferir e aquelas em que não pode.
- Estabeleça várias alternativas e um plano B para a decisão já tomada.
- Tome sua decisão quando estiver sereno.

CAPÍTULO 5

RECONHECENDO SEUS LIMITES

Numa organização hierárquica, todo mundo sobe até atingir seu nível de incompetência.

Princípio de Peter

Há pessoas que chegam a extremos por não saberem dizer "não", como aquele indivíduo que foi a ponto de aceitar ser padrinho de casamento de dois casais distintos, ambos amigos do peito, que se casavam no mesmo dia e hora. O resultado foi um enorme desgaste e, por fim, um dos casais teve de sair às pressas em busca de outro padrinho.

Recordo-me de meu pai que, no final da década de 60, apareceu com um livro debaixo do braço e, dado o seu gênero desafiador, fazia do título do livro um motivo para enormes debates com seus fornecedores, clientes e amigos. O tal livro não era outro senão *The Peter Principle*, de Laurence J. Peter, que, no Brasil, foi lançado como "Todo mundo é incompetente, inclusive você". Apesar de satírica, a lógica por trás do Princípio de Peter tem muita consistência, e pude observá-lo ao longo de minha carreira como executivo e como consultor.

A idéia de Peter é que todo funcionário que é promovido por um bom desempenho no seu cargo poderá fracassar num novo. Se por acaso se sair bem, corre o risco de ser promovido novamente, até chegar a uma posição em que, por não conseguir repetir o bom desempenho, não será mais promovido. O exemplo clássico é o do supervisor promovido a gerente sem ter qualificações para tal, fazendo com que a empresa perca um operário competente e ganhe um gerente incompetente.

A partir desse princípio, o cartunista Scott Adams adaptou a idéia e criou o Princípio Dilbert. Em 1988, desenhou cinquenta tiras com quadrinhos de Dilbert e Dogbert e saiu tentando publicá-los em grandes editoras. Todas recusaram seu projeto até que a *United Media* ofereceu-lhe um contrato de edição. As tiras eram inspiradas nos colegas de trabalho de Adams, no ambiente do Crocker National Bank e na Pacific Bell. As tiras referiam-se ao ambiente das grandes empresas em que os funcionários apareciam, com humor sarcástico, como vítimas de gerentes e chefes incompetentes. Com certeza o público se identificou com as histórias de Dilbert, o que tornou o personagem de quadrinhos tão famoso nos Estados Unidos que foi incluído em 1996, pela revista *People*, em sua lista das 25 personalidades mais interessantes do país, ao lado de Bill Gates e Madonna. Em 1997, o famoso personagem foi capa da revista *Time*, como uma das 25 figuras mais influentes dos EUA.

Por que tanto sucesso de Dilbert e do princípio de Peter? Porque as pessoas reconhecem facilmente esse princípio no seu ambiente de trabalho. Com certeza você, leitor, lembrando do seu ambiente corporativo, tem um caso para contar que ilustra esse princípio.

Esses casos acontecem porque muitas vezes nos falta a percepção dos nossos limites e perdemos a noção da nossa capacidade para exercer um novo cargo, ofuscados pela ambição de progredir e pelo status que a nova posição pode eventualmente oferecer.

Hoje, podemos encontrar no Brasil o famoso "Como trabalhar para um idiota", de John Hoover. A obra oferece uma leitura descontraída e ao mesmo tempo informativa sobre as relações de trabalho. Ensina que, qualquer que seja seu chefe, são as suas ações que determinarão o sucesso ou o fracasso na convivência entre ambos.

E só para o leitor ter uma ideia, quando digitei no Google "chefe + idiota", o resultado mostrou 292.000 *sites* só na língua portuguesa! Em inglês, com "boss + idiot" a engenhoca acessa mais de 2 milhões de *links*.

Reconhecer nossos limites é o estágio inicial de aprendermos a dizer "não". Isto pode parecer um paradoxo, se partirmos da perspectiva de que o ser humano é ilimitado e tudo pode. Realmente, tenho a crença de que o ser humano é ilimitado e pode realizar o sonho que quiser, desde que esteja preparado para tal. Deepak Chopra chama isso de Lei da Plena Potencialidade. No entanto, temos de nos preparar para usar nossa plena potencialidade. Sonhar deve ser algo ilimitado, mas só isso não basta. Temos de nos capacitar para agir e muitas vezes somos limitados pelos contextos em que vivemos. Isto não quer dizer que não possamos superar barreiras. Minha proposta aqui é uma avaliação das barreiras e a criação de estratégias para suplantá-las.

Quando reconhecemos nossos limites, estamos dando o primeiro passo para buscar ajuda e superar nossas limitações. Quando o líder reconhece seus limites, pode estimular sua equipe a buscar soluções em grupo.

É muito comum, nos *workshops* de administração do tempo, apresentarem-se pessoas que não sabem dizer "não", não sabem estabelecer limites e se entopem de atividades que não podem cumprir porque é humanamente impossível.

Queremos ser super-homens quando apenas precisamos ser homens, humildes, com limites e com a coragem de dizer NÃO!

Na verdade, não dizemos "não" para os outros porque nos sentimos frágeis e queremos o reconhecimento deles, jogo que aprendemos na tenra infância, na relação com nossos pais.

O que faz uma pessoa não dizer "não" a um compromisso, quando está atolada de compromissos? O que faz um indivíduo aceitar um cargo, quando tem plena consciência de não estar apto a exercê-lo? O que faz alguém dizer "sim", quando na realidade quer dizer "não"?

Estas são questões para você refletir e, de preferência, trabalhar com a ajuda de alguém que tenha uma visão mais ampla do seu desempenho. Vale a pena você se perguntar quantas vezes ignorou seus limites. Se você não reconhece seus limites, jamais poderá superá-los.

ALGUMAS QUESTÕES PARA VOCÊ REFLETIR:

- Você se considera uma pessoa que tem dificuldade de dizer "não" ou você consegue com tranquilidade dar uma resposta negativa?
- Quais os fatores que influenciam a capacidade de as pessoas dizerem "não"?
- Você já viveu alguma situação difícil apenas por não ter conseguido dizer "não"?
- Você conhece alguém que assume uma carga de trabalho maior do que pode executar, pela incapacidade de impor limites?
- É preciso coragem para colocar limites?
- Quem consegue impor limites, você julga mais forte ou mais fraco?
- A percepção dos nossos limites pode gerar mais eficiência e eficácia?

* * *

DICAS:

- Avalie com objetividade e racionalidade os compromissos, as tarefas e as metas já assumidos.
- Seja realista na estimativa dos seus desafios.
- Experimente dizer "não" começando com situações muito simples.
- Lembre-se o quanto era difícil ou fácil dizer "não" quando você era criança.
- Comece a compreender o limite dos outros e a aceitar os possíveis "nãos". A partir desta postura, vai ficando mais fácil lidar com seus próprios limites.
- Perceba o quanto dizer "não" pode torná-lo mais livre!

CAPÍTULO 6

CUIDE DO ESTRESSE ANTES QUE VIRE *BURNOUT*

O super-homem não se estressa
Um caminho para o *burnout*

Burnout: É uma síndrome em resposta aos fatores crônicos de estresse interpessoal no ambiente do trabalho.
Maslach, 1982

É um estado mental e/ou físico de exaustão, causado por um estresse excessivo e prolongado.
Girdin, 1996

No capítulo anterior, discorri um pouco sobre a questão de estabelecer limites, e isto envolve a questão do equilíbrio entre nosso corpo, nossa mente, nosso espírito e nossos relacionamentos.

Segundo matéria publicada no Jornal *O Estado de São Paulo* em julho de 2007, a maioria dos executivos aproveita apenas dez dias de descanso quando se afasta da empresa.

Na teoria, são dias de férias, enquanto na prática os executivos não param de checar *e-mails*, telefonar e se preocupar com o que acontece no ambiente de trabalho, mesmo quando estão longe do serviço. "A maioria dos executivos que tira trinta dias de férias leva dez para se desligar completamente do trabalho", explica Ana Maria Rossi, presidente brasileira da International Stress Management Association (ISMA-BR), uma organização não-governamental presente em 13 países e com escritórios em Porto Alegre. "E, se não bastasse isso, passam outros dez dias pensando em seu retorno às atividades", complementa Ana Maria. Uma pesquisa do ISMA-BR, realizada com executivos de São Paulo e Porto Alegre, teve um resultado inesperado: 38% dos entrevistados apresentaram algum grau de fobia de férias.

Nos dias de hoje, tirar férias passa a ser uma fonte imensa de estresse, o que faz os executivos diminuírem esse tempo longe do trabalho.

Sempre me recordo de uma vez em que fui dar uma palestra sobre estresse numa empresa multinacional fabricante de tintas. A gerente de Recursos Humanos me contou que um outro gerente se recusava a tirar férias por causa da quantidade de *e-mails* que recebia. O sujeito disse que recebia em média 200 *e-mails* por dia, o que representaria aproximadamente 4.000 *e-mails* aguardando por ele, no dia do seu retorno!

O velho ditado "não tire muito tempo de férias porque podemos perceber que você não faz falta" parece brincadeira, mas é uma verdade atual. A insegurança quanto à perspectiva de que decisões importantes possam ser tomadas na empresa, durante a ausência do funcionário, gera grande ansiedade.

O ISMA estima que os danos causados pelo estresse cheguem a 3,5% do PIB brasileiro, ou cerca de R$ 33 bilhões ao ano, em tratamentos e perda de produtividade.

O estresse pode ser algo útil porque nos move adiante, nos impulsiona a avançar. Sempre digo que, se não fosse o mecanismo do estresse, o homem estaria por inventar a roda.

Neste capítulo, quero convidá-lo a tomar coragem para reconhecer quando está estressado. Há algum tempo, quando proferia uma palestra sobre estresse numa grande feira de telecomunicações em São Paulo, para uma plateia de executivos e técnicos da área, perguntei quem se sentia estressado. Depois de ver alguns gatos pingados levantarem com muita reticência suas mãos, ousei dizer em tom de brincadeira que havia muitos mentirosos na plateia.

Na década de 90, participei de uma clínica em São Paulo, na qual desenvolvi alguns trabalhos e pesquisas sobre o estresse em executivos. A principal constatação foi que a maioria das queixas de postura, dores de coluna e dores de cabeça estava diretamente relacionada ao elevado nível de estresse das pessoas.

Para falar do estresse, gosto de ir até a origem do assunto, retomando a definição do primeiro estudioso sobre o tema, o professor Dr. Hans Selye: "Estresse é uma resposta *não-específica* do organismo a qualquer mudança".

Ora, quando o Dr. Selye fala "não-específica", ele quer dizer que cada organismo reage de uma maneira diferente. Disto podemos deduzir que cada um tem uma maneira diferente de reagir ao estresse e, por isso mesmo, não podemos julgar o estresse do outro!

Richard Lazarus, companheiro do Dr. Selye nos estudos sobre esse tema, complementava afirmando que cada um reage de maneira diferente, uma vez que nossa resposta aos fatores estressantes depende de nossas memórias e experiências passadas.

O estresse é um mecanismo disparado em nosso sistema límbico, aquele conjunto de estruturas cerebrais que se desenvolveu junto com o surgimento do cérebro dos mamíferos.

O sistema límbico é o responsável pelo nosso impulso reprodutor para manter a espécie, por nosso sistema de busca de alimento, quando o corpo necessita repor sua energia, e é também responsável por fugirmos ou lutarmos diante de uma ameaça exterior.

No entanto, muitas vezes nos sentimos ameaçados por fatos que não são reais, mas sim fruto da nossa imaginação e de nossos modelos mentais. Como cita Colin Crook em seu *A força dos modelos mentais*: "Uma das ilusões mais persistentes – e talvez a mais limitadora – *é a crença de que o mundo que vemos é o mundo real*".

Portanto, quando nos sentimos ameaçados, nosso sistema límbico capta informações através dos sentidos e as conduz diretamente ao tálamo, que é o núcleo sensitivo e centralizador das informações no cérebro.

A partir do tálamo, os impulsos nervosos tomam dois caminhos: uma parte segue para a amídala e o hipotálamo, e a outra para o córtex visual, que faz uma avaliação das imagens recebidas.

A partir daí, entra em ação o hipocampo, que está relacionado a memórias passadas e fará uma checagem com as experiências vividas anteriormente. Se o hipocampo avaliar que há uma ameaça, a amídala entra em ação disparando um alarme para várias partes do cérebro, liberando noradrenalina, ativando os músculos da face e o sistema nervoso simpático, que aciona a produção de adrenalina e cortisol pelas glândulas supra-renais. Estas substâncias ampliam nossa circulação sanguínea, enrijecem nossos músculos, aceleram a respiração e os batimentos cardíacos e aumentam a pressão arterial, o que nos permite decidir se realmente devemos lutar ou fugir.

Só a partir de então é que mensagens serão enviadas ao córtex frontal para passarmos a um processo de avaliação e planejamento racional. Até então muita coisa já aconteceu, numa alta velocidade de processamento. Como se trata de um processo autônomo, não temos nenhum controle sobre ele.

Todos nós convivemos com o estresse desde os tempos das cavernas. O problema é a quantidade de tempo que passamos estressados. No passado, quando o homem primitivo ia caçar para trazer alimento para sua família, é claro que se estressava até encontrar e matar a caça. O problema de hoje é que estamos caçando um leão a cada cinco minutos.

Nós não damos tempo ao nosso corpo para que retorne ao equilíbrio. Nas grandes cidades, vivemos o estresse da falta de tempo, do trânsito, da violência, do ruído de mais de 85 decibéis, da nossa vida 24 horas. Hoje temos bancos 24 horas, supermercados 24 horas, restaurantes 24 horas e até academias de ginástica 24 horas! Nosso corpo, no entanto, não está preparado para viver segundo esse novo estilo de vida. Nosso corpo é uma máquina que vem evoluindo nos últimos 60 mil anos e não lhe é possível se adaptar a esse novo modelo de vida que tem apenas duas ou três décadas.

A esta altura você já deve estar perguntando: "Ei, como ficam as minhas compras noturnas do supermercado? E o meu programa de jantar fora com os amigos depois que chego em casa do trabalho às nove da noite? E as baladas de quinta-feira e sábado que costumo frequentar?"

O que proponho é que você esteja consciente dos seus limites. Perceba seu corpo. Não seja um sonâmbulo. Construa sua vida de maneira tal que você sempre tenda ao equilíbrio.

Seu corpo está continuamente mandando informações importantes para você. Não cuide apenas dos sintomas. Não fique apenas tomando um Engov depois do uísque, uma aspirina quando está com dor de cabeça ou sal de fruta quando sente azia.

Faça seus *chek-ups* periódicos. Cuide da sua saúde. Procure ter um médico clínico que acompanhe a sua evolução. Faça um diagnóstico das coisas que o estressam. Ponha no papel os processos, hábitos ou pessoas e assuntos que o estão estressando. Quais são seus limites? Estabeleça criteriosamente os seus objetivos. Planeje suas ações. Administre o seu estresse antes que seja tarde.

A partir do início dos anos 70, estudos americanos identificaram uma síndrome que denominaram "síndrome do *burnout*". Literalmente, *burnout* quer dizer as cinzas que sobram no dia seguinte da lenha que queimamos na lareira. Estima-se que algo em torno de 8% da força de trabalho no mundo todo já tenham experimentado o *burnout*.

Uma pesquisa realizada pela International Stress Management Association (ISMA), entre 2001 e 2002, detectou que o estresse entre os trabalhadores já atinge níveis preocupantes.

O quadro se agrava quando se fala do *burnout*. Pesquisadores do ISMA afirmam que no Brasil o *burnout* é uma síndrome considerada doença ocupacional, e bem mais grave do que o estresse.

Os resultados da pesquisa, que mediu os níveis de estresse e *burnout* em nove culturas diferentes, mostram o Brasil em segundo lugar, com 30% de seus profissionais atingidos pela exaustão física e mental. Antes do Brasil está o Japão, com alarmantes 70%. Logo abaixo, a China, com 24%. Em seguida, vêm Estados Unidos (20%), Alemanha (17%), França (14%) e Israel (9%). Em Hong Kong, o *burnout* atinge apenas 6% dos profissionais, e nas Ilhas Fiji, a última da lista, 2%.

Em outra pesquisa realizada por Gisele Levy, da Universidade Estadual do Rio de Janeiro (UERJ), 70% dos professores de cinco escolas de Ensino Fundamental de Niterói (RJ) apresentavam sintomas da síndrome de *burnout*. Segundo Gisele, 86% do total de professores que responderam à pesquisa se sentiam ameaçados em sala de aula. "Tanto em regiões nobres quanto pobres, a sensação de ameaça e medo da violência de dentro e fora da escola é grande", afirma a pesquisadora.

O *burnout* é uma doença séria que atinge o indivíduo com estresse severo e chega sem muito aviso prévio. Principalmente para aqueles que puxam demais a corda. Para aqueles executivos que chamo de "movidos a adrenalina". São muito mais que super-homens!

Conforme o conceito de *burnout* adotado por Maslach e Jackson (conforme citação de Maslach, 1994, p. 61, e Robayo-Tamayo, 1997, p. 6), a referida síndrome consiste em *"uma reação à tensão emocional crônica por tratar excessivamente com outros seres humanos, particularmente quando eles estão preocupados ou com problemas".*

As causas do *burnout* sempre estão relacionadas a objetivos irreais, num ambiente em que se cumprem muitas tarefas para muitas pessoas. Situações em que o ambiente de trabalho é muito tenso, transcorre segundo regras muito duras, algumas vezes até violando valores pessoais ou éticos, ou em que a pessoa se sente trapaceada pelo contexto econômico e financeiro podem trazer o *burnout*.

Veja outras armadilhas que podem levar ao *burnout*:

- Sair de férias e não se desligar do trabalho.
- Sair de férias e continuar atendendo o celular para resolver problemas.
- Trabalhar sistematicamente nos fins de semana.
- Não tirar férias regularmente.
- Trabalhar preocupado com os filhos em casa.
- Pensar que você sempre tem mais uma reserva de energia.
- Pensar que *burnout* só acontece com os outros.
- Perder o controle dos compromissos quanto ao tempo.
- Longas jornadas de trabalho.
- Desequilíbrio entre vida pessoal e profissional.

Alguns aspectos relevantes sobre o *burnout*:[1]

- Há uma predominância de fadiga, depressão e exaustão mental e emocional.
- Os sintomas são mais mentais e comportamentais do que físicos.
- Os sintomas estão relacionados ao trabalho.
- Em geral, o *burnout* se manifesta em pessoas com histórico de psicopatologias.
- Diminuição da performance e resultados negativos em atitudes e comportamentos.

Os sintomas do *burnout* podem ser, segundo Maslach, estruturados em três aspectos:

---

[1] MASLACH, C. *Burnout: The Cost of Caring*. Englewood Cliffs, NJ: Prentice-Hall, 1982.

- Exaustão emocional, caracterizada por falta ou carência de energia, entusiasmo e um sentimento de esgotamento de recursos.
- Despersonalização, caracterizada por tratar clientes, colegas e a organização como objetos.
- Baixa realização pessoal no trabalho, caracterizada por uma tendência de se autoavaliar de forma negativa.

Os sintomas podem ser de duas ordens (Rodrigues, 1998):

- Físicos: exaustão, fadiga, dor de cabeça, distúrbios gastrintestinais, insônia e dispnéia.
- Psicológicos: humor depressivo, irritabilidade, ansiedade, rigidez, negativismo, ceticismo e desinteresse pelas coisas do dia-a-dia.

Tendências comportamentais:

- Críticas a tudo e todos que o cercam.
- Pouca energia para as diferentes solicitações do trabalho.
- Frieza e indiferença para com as necessidades e o sofrimento dos outros.
- Sentimentos de decepção e frustração.
- Comprometimento da autoestima.

PRESSÕES NO TRABALHO, SEGUNDO A EUROPEAN FOUDATION FOR THE IMPROVEMENT OF LIVING AND WORK CONDITIONS

Segundo diagnóstico na IV Edição do Manual de Pesquisa de Doenças Mentais da Holanda, (DSM-IV), as desordens psicológicas são a maior causa do absenteísmo naquele país. Nesse estudo, as doenças estão associadas ao *burnout* e ao excesso de pressão no trabalho (Blonk, 2001). As pesquisas mostram que há diferentes níveis de risco de *burnout*, dependendo dos riscos de setores específicos (ver figura). Trabalhadores com alto grau de educação têm um maior grau de *burnout*, embora este venha crescendo em funcionários de linhas de produção, serviços bancários, hotéis e restaurantes, bem como em trabalhadores do comércio e construção civil.

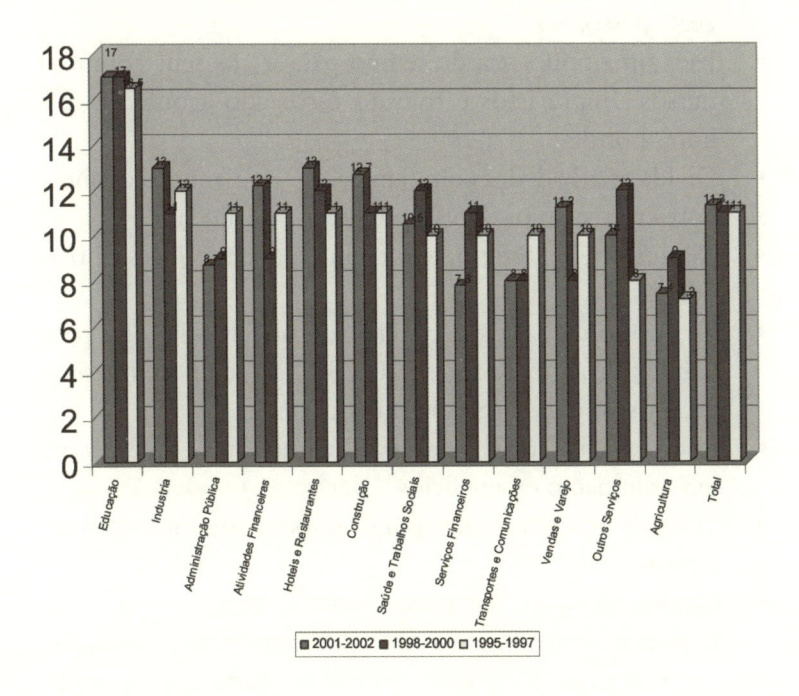

Porcentagem de trabalhadores que relatam *burnout* por setor / Educação / Indústria / Serviço público / Atividades lucrativas / Hotéis e restaurantes / Construção civil / Saúde e serviço social / Serviços financeiros / Transporte, armazenagem e comunicação / Atacado e varejo / Outros serviços / Agricultura / Total.

Fonte: Irene Houtman, Holanda. Publicado em 25-03-2004
Assunto: Indicadores de Qualidade de Trabalho – EFILWC.

DICAS:

- Inicie seu dia com um bom café da manhã.
- Aprenda a dizer "não".
- Perceba seu corpo e seus limites.
- Reavalie seus objetivos.
- Reduza seus compromissos com o trabalho e com os afazeres pessoais.
- Faça uma poupança de tempo para ir aos seus compromissos. Imprevistos e trânsito carregado acontecem 24 horas por dia.
- Divida as atividades com familiares e/ou amigos quando houver excesso ou sentir que precisa de ajuda.
- Administre seu tempo, tendo em vista seus valores e prioridades.
- Procure organizar suas tarefas, de preferência logo pela manhã. Procure deixar de 20 a 30% do tempo sem compromissos. Eles surgirão sem você pedir!
- Priorize suas tarefas pelas mais importantes e que geram maior impacto e benefícios.
- Trate de aprender e fazer cursos sobre administração de estresse.
- Quando se sentir estressado, volte a atenção para a sua respiração e faça uma respiração controlada, contando mentalmente os segundos (3 x 3, 5 x 5 ou 8 x 8), desde que se sinta confortável.
- Relaxe sua mente todos os dias.
- Tenha tempo para descansar e para o ócio.
- Encontre algum tempo para meditar ou apenas relaxar, durante o dia. Se possível, faça isso em duas sessões de 20 minutos. Se não conseguir, tente uma vez por cinco minutos e vá aumentando o tempo devagar, sem se cobrar em demasia.
- Tenha cuidado com sua dieta e procure ter um sono repousante.

- Procure um tempo para almoçar calmamente.
- Quebre sua semana no meio. Na quarta-feira, saia mais cedo, faça uma atividade com seu parceiro ou parceira, ou com seus amigos. Sexta-feira ainda está longe.
- Evite levar trabalho para casa.
- Pratique algum esporte ou atividade física do seu agrado.
- Pratique o riso.
- Ponha-se em primeiro lugar dentro do seu universo. As pessoas ao seu redor agradecerão!
- Procure sempre um médico para acompanhar seu estado físico e mental.
- Faça *check-ups* regulares e tenha um médico clínico para acompanhá-lo pelo resto da sua vida.
- Aprenda a identificar as situações que provocam tensão.
- Diante de uma situação difícil pergunte-se: "O que pior pode acontecer comigo diante desta situação?"
- Planeje melhor as atividades para evitar acúmulo.
- Seja seletivo com as notícias da imprensa. As que mudam a cada 20 minutos não irão afetar muito a sua vida.
- Tire férias regularmente.

CAPÍTULO 7

PLANEJAR SUA CARREIRA SIM, QUERER CONTROLAR O MUNDO NÃO!

> *Um dos grandes dilemas do homem é
> querer controlar tudo à sua volta.*
> Buda

Um dos grandes problemas das pessoas que me consultam é a falta de um planejamento de carreira.

Planejar é algo muito controverso na nossa cultura e especialmente no Brasil. Dadas as nossas características e o contexto vivido pelas pessoas da minha geração, para quem "planejar" nas décadas de 70 e 80 era loucura em função da inflação alta, a palavra ficou um pouco desgastada.

Para muitos, planejamento pode significar "chutar", engessar, diminuir a criatividade, gastar energia com coisas que jamais sucederão, tentar acertar 100%, controlar, burocratizar e por aí vai.

Apesar de o planejamento estratégico ser tecnicamente algo como o "bê-á-bá" para muitos dos meus leitores, sinto-me muito confortável em tocar no assunto para provocar uma reflexão mais profunda. Alguns estudos contribuem fortemente para esse meu nível de conforto.

Conforme pesquisas realizadas em 2006, apenas 5% das empresas no Brasil utilizam o planejamento estratégico como ferramenta de gestão e 70% das que usam o planejamento falham. Não por falhas das estratégias, mas por falta de execução.

No meu dia-a-dia, além de conhecer empresas que adotaram o processo de planejamento tardiamente – antes tarde que nunca –, estou habituado a receber respostas evasivas quando pergunto aos profissionais com quem trabalho se sua empresa usa o planejamento estratégico. Desde "não sei" até "o plano é feito pela diretoria e está na gaveta do diretor", o que chamam de planejamento estratégico não passa de um plano de negócios feito como uma verdadeira colcha de retalhos.

Particularmente, atribuo a não execução do plano a um problema de comportamento. Não se executa o planejamento porque em geral é algo enfiado goela abaixo por uma diretoria que se comunica mal.

Jack Welch, o grande executivo que praticamente ressuscitou a General Electric, afirma: "Creio que as estratégias não valem nada, se não há pessoas adequadas para colocá-las em prática".

Michael Porter também destaca: "75% das empresas não têm estratégias e se limitam a imitar seus concorrentes". Porter é economista, professor na Harvard Business School, autor de diversos livros na área de estratégias de competitividade e uma referência na área de estratégia para muitas empresas norte-americanas e internacionais. Sua principal obra é o livro *The Competitive Advantage of Nations*.

Num quadro desses, em que falta uma cultura de planejamento empresarial, o que esperar dos nossos super-homens quanto ao planejamento de suas carreiras?

Antes de qualquer coisa, planejar não quer dizer estabelecer metas. Nem tampouco estabelecer objetivos no ano novo ou sonhar com o cargo de diretor ou presidente.

Planejar é um processo dinâmico no qual podemos e devemos aprender com o próprio processo, ajustando nossas ações no dia-a-dia, buscando criar e nos adaptar diante das mudanças, oportunidades e crises que surgem no meio do caminho.

PLANEJAR SUA CARREIRA SIM, QUERER CONTROLAR O MUNDO NÃO!

Planejar é imprimir uma direção, mostrando como podemos chegar a determinados objetivos que estabelecemos de maneira clara e num prazo determinado.

Quem planeja cria uma visão de futuro que na verdade é o seu sonho. Este sonho deve estar ligado a um propósito que deve fazer sentido e proporcionar uma visão da direção a seguir. Assim que a visão e o propósito estão estabelecidos, planejamos para determinar como atingir a nossa visão e cumprir a nossa missão.

Estratégia, conforme definido no dicionário de português do Houaiss: 1. Militar. Arte de coordenar as ações das forças militares, políticas, econômicas e morais implicadas na condução de um conflito ou na preparação da defesa de uma nação ou comunidade de nações.

Strategia, em grego antigo, significa a qualidade e a habilidade do general; ou seja, a capacidade do comandante para organizar e levar a cabo suas campanhas militares.

Porém, nada disso adiantará se não estabelecermos um prazo para agir.

Uma vez estabelecido o plano com as estratégias definidas, ou seja, o planejamento posto no papel, passamos ao processo de monitoração. Aqui entram a flexibilidade e a perspicácia como os maiores atributos dos líderes. Flexibilidade para adaptar, recuar, avançar, mudar modelos e paradigmas e corrigir rotas.

Em vez de apenas "controlar o processo", temos de ter a noção de "lidar" com ele. "Controlar" é algo que nos dá uma noção policialesca, rígida e menos criativa. "Lidar" pode estimular em nós as noções de flexibilidade, maleabilidade e fluidez.

A grande maioria dos executivos com que lido, quase todos ocupando postos de alta gerência, fica engasgada quando pergunto: "Como você pretende estar, dentro de cinco anos, como profissional?" Alguém já me disse: "Essa é uma boa pergunta!".

As respostas são muitas vezes vagas: "Quero ser diretor" ou "Quero estar ganhando bem", e não são suficientes para que possamos direcionar esforços e obter resultados.

Para planejar nossa carreira, precisamos ter uma visão de futuro de como queremos estar em um prazo determinado, de maneira alinhada com nosso propósito. Por que trabalho? Como quero estar daqui a cinco anos?

A partir disso, temos de fazer uma avaliação do ambiente interno da empresa em que trabalhamos, bem como das possibilidades externas que o mercado oferece.

Temos de ampliar nosso *networking*, agregando pessoas de outras áreas, concorrentes, e até pessoas que pensem de maneira diferente. Estas são importantes para questionarmos nossas ideias e modelos mentais.

Fazer uma avaliação dos nossos pontos fortes e fracos, nossos atributos, ameaças e oportunidades é muito importante para termos uma visão mais realista de onde, como e quando podemos chegar aonde queremos.

Em *Now Discover Your Strengths*, escrito a quatro mãos por Marcus Buckingham, vice-presidente do Instituto Gallup, e Donald O. Clifton, considerado o "pai dos Talentos da Psicologia" pela American Psychology Association, há a proposta de um novo paradigma sobre os processos de treinamento e *coaching*. A partir de uma pesquisa do Instituto Gallup sobre o trabalho de treinamento com mais de dois milhões de pessoas para entender a questão dos talentos, chegaram à conclusão de que a maioria dos treinamentos está voltada para corrigir pontos fracos e não para oferecer ferramentas que reforcem os talentos dos funcionários. Entre outros dados interessantes, as pesquisas mostraram que globalmente "apenas 20% dos funcionários pesquisados das grandes organizações trabalham utilizando aquilo que podemos chamar de seus talentos".

A nova proposta é continuar corrigindo os pontos fracos, mas o mais importante é melhorar os pontos fortes.

O mais novo *coach* do golfista Tiger Woods é um exemplo dessa nova abordagem. Tiger era o primeiro do mundo na madeira e o 62º na barreira de areia. A proposta desse treinador era deixá-lo entre os 30 primeiros na areia e torná-lo ainda mais eficiente naquilo que ele já sabia fazer muito bem. Foi assim que Tiger Woods pôde fazer a diferença e tornar-se quase imbatível, mantendo-se entre os cinco principais golfistas do mundo até hoje.

Para explicar esse conceito, como praticante e estudioso do yoga, gosto de recorrer à noção yogue do *dharma*.

O nosso *dharma*, em sânscrito धर्म, ou o sentido da ordem profunda do nosso ser, torna-se aparente quando nos manifestamos de maneira única, fazemos tudo muito bem-feito, praticamente sem nenhum esforço e sem dispêndio de energia. Cada ser humano tem seu *dharma*, seu talento único, que o diferencia dos demais.

Quando assistimos a um virtuoso tocando violino, temos até a sensação de que o violino e o violinista são uma peça só. Ele toca sem esforço e está absolutamente fluente, em um estado de excelência. Nesse momento, não há esforço nem dispêndio de energia.

Portanto, é de fundamental importância aprimorar nossos talentos, as coisas que sabemos fazer bem, enfim, o nosso *dharma*, em vez de ficarmos inutilmente tentando ser perfeitos e corrigir 100% dos nossos pontos fracos. Se fizermos isso, estaremos com certeza gastando uma quantidade incrível de energia em coisas que não são naturais em nosso ser.

Na minha visão este tema é tão importante que voltarei a abordá-lo no capítulo 12, oportunidade em que você já terá refletido mais e, eu tenho certeza, poderá reconhecer mais facilmente seus talentos.

Observando a natureza, podemos perceber que também ali as coisas funcionam assim. Um pedaço de terra pode ser impróprio para se plantar algo e extremamente apropriado para uma outra cultura. Às vezes, vemos o agricultor gastar fábulas de dinheiro em insumos para correção da terra sem o resultado desejado, pois, além do solo, existem outros fatores como o clima, que depende de ventos, umidade e índice pluviométrico, entre outros fatores.

ESTABELECENDO O PLANO NO PAPEL

É muito comum encontrarmos pessoas que dizem: "Tenho tudo planejado, está tudo na minha cabeça!".

Não adianta ter as ideias e sonhos só na cabeça. Plano tem de estar no papel. Quando escrevemos nossas ideias, algo de mágico acontece. É como se estivéssemos dando início ao processo de concretização.

Por outro lado, quando colocamos nossas ideias no papel, ampliamos nossa capacidade de análise pelo fato de assumirmos uma terceira posição, a do observador, e com isso estimulamos um diálogo interno, que favorece a análise e avaliação das nossas ideias.

Outro aspecto importante é que, quando nossas ideias vão para o papel, passamos a trabalhar com números que podem representar não só a grandeza delas, mas também ajudam a visualizar os prazos. Perceba como você mesmo fica mais satisfeito quando tem uma noção específica de prazo para que algo possa acontecer. Os antigos xamãs havaianos já tinham essa percepção há muitos séculos.

Por outro lado, quando colocamos o plano no papel, conseguimos dar um maior sentido de organização às nossas ideias, além de podermos estabelecer uma etapa muito importante do planejamento: as ações que temos de concretizar a curto, médio e longo prazo. Uma vez escritas as ações, podemos organizá-las sequencialmente e estabelecer um cronograma racional, organizando o nosso tempo.

É muito comum nos surpreendermos ao colocar planos e metas no papel e fazer uma estimativa de tempo para executá-las. Muitas vezes temos de adequar nossos planos em termos de um tempo mais realista!

Para finalizar este capítulo, gostaria de voltar ao título: "Planejar sua carreira sim, querer controlar o mundo não!". Planeje para dar uma direção, mas não tente controlar todas as variáveis. É impossível. Na vida e nos negócios, o imprevisto também é importante. Se você só enxerga as variáveis que põe no papel, poderá estar fechando a porta para as oportunidades que estão à sua volta.

Seja flexível, esteja "antenado", seja criativo e ouça o que estão dizendo à sua volta. Não seja bitolado, escute a sua intuição. Aprenda a sonhar e a pensar também com o coração.

ALGUMAS QUESTÕES PARA VOCÊ REFLETIR:

- Planejar é algo natural e prazeroso para você ou é um processo difícil e trabalhoso?
- Você concorda que o planejamento torna a vida mais prática?
- Quando você planeja, você se sente muito preso ao plano ou é capaz de flexibilizar e corrigir as estratégias?
- De 0 a 10, quanto você acha o planejamento útil para sua vida profissional? E pessoal?
- Quanto o seu projeto profissional está alinhado com seu propósito de vida?
- Quais são seus três principais pontos fortes como profissional?

* * *

DICAS:

- Pare e pense como você quer estar daqui a cinco anos. Crie na sua tela mental uma imagem sua tendo alcançado seu objetivo, com todos os detalhes possíveis. Observe as sensações e os sentimentos que surgem dentro de você.
- Continue esse exercício perguntando a este "você" do futuro que conselhos "ele" lhe pode dar agora. O que você precisa fazer hoje para chegar aonde "ele" já chegou? O que você deve evitar fazer para não atrapalhar seu próprio caminho?
- Fomos educados com muitas recomendações para corrigir erros e pontos fracos. Comece a anotar seus pontos fortes e verifique o que você está fazendo com eles no seu dia-a-dia. Eles são importantes, ponha-os em prática. Escolha um ponto forte para exercitar por semana.

CAPÍTULO 8

AFINAL, O QUE É IMPORTANTE PARA VOCÊ?

O sentido da vida reside, precisamente, na realização dos valores.

Johannes Hessen[1]

André chegou ao meu escritório e se apresentou como um grande empresário do ramo de engenharia. Tinha 62 anos, um casamento de 28 anos e uma filha de 26. Financeiramente bem-sucedido, tinha uma posição privilegiada, sendo proprietário de vários imóveis e de uma empresa que ia de vento em popa.

André andava angustiado e tinha insônia. Seu relacionamento com a mulher era *pro forma* e tinha uma jovem amante.

Quando lhe pedi para escrever numa folha de papel em branco as dez coisas mais importantes da sua vida, ficou revoltado porque não conseguiu anotar mais do que três itens.

A esta altura da vida, não conseguia encontrar a razão pela qual estava vivendo!

Se pararmos para uma avaliação mais apurada, podemos concluir que a sociedade em que vivemos passa por uma profunda crise de valores.

Temos crise de valores na educação, nos relacionamentos pessoais, nos relacionamentos profissionais, na política, na relação entre países, na relação com o dinheiro e por aí vai.

---

[1] *Der Sinn des Lebers*, 2ª ed., Rottenburgh a-N., 1936.

Você, leitor, pode questionar, dizendo que isso não é novidade: existe desde que o homem é homem. No entanto, o homem nunca esteve tão distante de si mesmo, apesar de ter ido tão longe. Vivemos numa sociedade em que encontramos pessoas que mais parecem sonâmbulos. Veem, mas não enxergam. Estão acordadas, mas não estão despertas para a sua própria realidade. Multiplicando-se esta inconsciência das pessoas pelo vetor da mídia e de uma pretensa tecnologia que procura vender gato por lebre, afirmando que poderá propiciar mais tempo livre, quando na verdade o resultado é uma insatisfação constante por estarmos sempre com uma tecnologia desatualizada, pouca e insuficiente é a reflexão sobre o que realmente importa para nós.

Segundo o dicionário da língua portuguesa do Aurélio, *valor* é a "importância de determinada coisa, estabelecida ou determinada de antemão".

No dicionário de filosofia de Nicola Abbagnano, encontramos: "*Valor*. O uso filosófico do termo só começa a existir quando seu significado é generalizado para indicar qualquer objeto de preferência ou escolha. Os estoicos introduziram o conceito no domínio da ética no século V". A partir daí, portanto, é que se começa a relacionar valor com ética e comportamento.

Quando falo sobre valores, estou referindo-me a algo que é a matéria-prima das nossas escolhas. Escolhemos algo porque tem valor para nós. Deixamos algo de lado porque não tem valor para nós.

Lamentavelmente, na nossa cultura, não somos educados e nem treinados para reconhecer os nossos valores, e muitas vezes vivemos apenas uma vida de experimentações, sem nenhum sentido.

Por que comprar um PDA *palmtop* com uma máquina fotográfica que você nunca vai usar? Por que comprar um celular que tem uma agenda eletrônica para 600 nomes se você não fala com mais de 150 pessoas? Por que comprar um *iPod* com 80 *megabytes* se você nem escuta mais do que 1.000 músicas?

O pior é que estamos pagando por tudo isso. Estamos pagando o dinheiro de duras horas de trabalho para nada. Mas no final nos sentimos "in" e "plugados" num jogo que dura apenas o tempo suficiente até um próximo lançamento. Afinal "ter" é o que importa, e estamos sofrendo as consequências disso.

Já realizei mais de 5.000 levantamentos sobre valores pessoais e profissionais. Em geral, as pessoas têm um "branco" mental quando proponho questões simples como: o que é importante na sua vida? Por quais razões você trabalha? Descreva 10 valores importantes para você na sua vida profissional.

Quanto mais passa o tempo, mais fico convencido de que uma profunda reflexão sobre nossos valores é algo que pode realmente fazer diferença.

Quando temos nossos valores claros no consciente, economizamos energia, porque colocamos foco naquilo que é importante para nós. Segundo essa premissa, posso afirmar que os valores são, inclusive, a base para uma boa administração do tempo, tema que inferniza os executivos e que é abordado no capítulo 10 deste livro.

A questão dos valores é um dos pilares da minha atividade como *coach*, e me sinto muito realizado com os resultados práticos que venho obtendo a partir desse trabalho centrado em valores, baseados na Teoria dos Níveis Lógicos da Mente, do antropólogo inglês Gregory Bateson, descritos em uma de suas mais notáveis obras, o livro *Steps to an Ecology of Mind* (1972).

A teoria de Bateson foi desenvolvida na prática quando Robert Dilts aplicou esses princípios na década de 70 na Fiat Automóveis de Turim, na Itália, e atualmente, enquanto este livro está sendo preparado, depois de ter aplicado o modelo em várias empresas norte-americanas, Dilts está desenvolvendo um projeto para a rede ferroviária italiana.

O grande *insight* de Bateson foi que, dentro do que chamou de Níveis Lógicos da Mente, os valores têm um lugar especial. Além de estar no nível do nosso inconsciente, fazem parte do nosso referencial interno consciente e *são a base para os processos de motivação e comprometimento.*

Nós nos comprometemos e motivamos por aquilo que é importante para nós. Essa questão é básica e deveria ser levada a sério e em conta, já nos processos de seleção de funcionários nas empresas.

Mesmo no ambiente de recursos humanos e em algumas empresas de consultoria nos Estados Unidos, ouvimos e vemos processos de valores sendo abordados por métodos de levantamento que acabam estimulando o referencial externo e não os verdadeiros e únicos valores do indivíduo. Afinal, o que estamos vivendo senão uma crise de valores que levam em conta mais o que a mídia promove e o que está em moda, passando ao largo dos valores internos e únicos que estão ligados à identidade das pessoas?

Portanto, com a prática, concluí que não adianta levantar valores através de uma lista de 200 itens para o indivíduo preencher com um "X". É importante um processo de reflexão, que pode ser favorecido por um estado de relaxamento em que o indivíduo consegue acessar seu inconsciente e fazer uma avaliação daquilo que é importante na sua vida pessoal, profissional, ou em qualquer outro setor específico, sejam os relacionamentos afetivos, as amizades etc.

Do ponto de vista da filosofia, o valor é a base do vínculo. Nós nos vinculamos a pessoas, causas, empresas ou culturas que possuem valores similares aos nossos.

Até as gangues de rua têm valores similares e acabam criando códigos de conduta ou de comunicação, próprios dos seus valores.

Para ficar claro, quando falo de valores, estou falando de coisas que:

- nos fazem pular da cama e viver;
- nos motivam;
- são as nossas turbinas propulsoras;
- nos unem a pessoas, grupos e causas;
- determinam nossas escolhas;
- estão relacionadas à nossa identidade, à nossa alma, à nossa essência.

Não estou falando de valores que são:

- retóricos;
- adquiridos pela formação familiar;
- oriundos do meio social;
- resultado da mídia;
- resultado do que está na moda.

Ao longo do tempo, concluí que o encontro com os valores é o verdadeiro gatilho para nosso estado de realização, satisfação e felicidade.

Se você realmente quiser motivar-se e motivar sua equipe, vá atrás dos valores que são importantes para você e seus liderados.

ALGUMAS QUESTÕES PARA VOCÊ REFLETIR:

- Quais são as dez coisas mais importantes da sua vida hoje?
- Quais são as dez coisas mais importantes para você no ambiente de trabalho?
- O que o faz sentir-se motivado para trabalhar hoje?
- Em que você pensa na segunda-feira ao acordar?
- O seu trabalho está alinhado com seus valores de vida?
- Você conhece os valores dos que fazem parte da sua equipe? Já conversaram sobre isso?
- Porque você se sente bem com um colega que realmente partilha a sua opinião? Já pensou no que está por trás de uma opinião semelhante?
- No seu ambiente familiar, pessoal e profissional, quais são as pessoas que mais se aproximam dos seus valores?

***

DICAS:

- Para exercitar as coisas que realmente são importantes para você, imagine o que você faria se tivesse apenas uma semana de vida.
- Abra aquela gaveta ou pasta onde você guarda papéis importantes, cartões-postais recebidos, ingressos de teatro ou shows a que assistiu, anotações ou bilhetinhos, e descubra o que está por trás de cada um deles.
- Quanto mais claros são seus valores, mais foco você põe na sua vida. Escreva seus valores mais importan-

tes, faça várias cópias desta pequena lista e ponha como lembrete em lugares estratégicos para você recordar todos os dias.
- Ao fazer uma escolha, pergunte-se: isto é realmente importante para mim? Qual o valor que motivou essa escolha?
- Suas escolhas têm sido baseadas nos seus valores internos ou influenciadas pelo meio externo? Escreva três momentos da sua vida em que você teve certeza de que estava totalmente alinhado consigo mesmo. Agora comemore dentro de você essas escolhas.

CAPÍTULO 9

O RISO E O CONDICIONAMENTO FÍSICO: DOIS REMÉDIOS PARA A DEPRESSÃO E O MAU HUMOR

A primeira dificuldade que encontramos ao falar sobre depressão é a não aceitação do fato pelas pessoas que estão deprimidas. Isso não é de se estranhar, uma vez que muitas soluções para a depressão são oriundas de duas áreas que continuam sendo alvo de preconceitos: a Psiquiatria e a Psicologia. Apesar de hoje o tema ter evoluído na cabeça das pessoas, ainda persiste, principalmente na população masculina, a crença segundo a qual Psiquiatra é coisa para loucos e Psicologia é "frescura" de mulher ou de pessoas com "desvios" homossexuais!

Palavras e expressões como descontrolado, choques elétricos, antidepressivos, estresse, mau humor, emotivo demais, histeria, "pinel", louco, lembram sentimentos desconfortáveis e estão ligados à Psiquiatria e Psicologia. Portanto, os aspectos culturais não contribuem para que o indivíduo pense na possibilidade de que tem depressão e precisa procurar ajuda.

O meio ambiente em que vivemos também contribui de maneira significativa para aumentar o risco de uma depressão. Pesquisas realizadas recentemente pela University College London e publicadas no *American Journal of Mental Health* indicam que o risco de depressão em pessoas extremamente preocupadas com a violência urbana chega a dobrar. A amostra selecionou 6.500 indivíduos no Reino

Unido, na faixa de 30 a 60 anos de idade, e mostrou uma relação direta entre o medo da violência, sintomas de depressão e ansiedade e a piora na qualidade de vida. Imagine então a situação das pessoas que vivem no eixo Rio – São Paulo!

A depressão, na verdade, é uma epidemia moderna e está presente no nosso dia-a-dia em um grau muito maior do que podemos imaginar. Vejamos alguns dados do Departamento de Psiquiatria da Universidade de Washington em Saint Louis:

• Estima-se que 17,5 milhões de norte-americanos sofrem de alguma forma de depressão e que 9,2 milhões sofrem de um grau maior ou clínico de depressão.

• Dois terços das pessoas que sofrem de depressão não buscam o tratamento necessário.

• 80% das pessoas com depressões clínicas que receberam tratamento tiveram uma melhora significativa em suas vidas.

• O custo econômico da depressão é estimado em US$ 30,4 bilhões por ano, nos Estados Unidos. No entanto, o sofrimento por que passam essas pessoas não pode ser quantificado.

• As mulheres sofrem de depressão cerca de duas vezes mais que os homens.

• Estimativas da Organização Mundial da Saúde projetam que, para o ano 2020, a depressão será a causa número dois dos "anos perdidos de vida saudável" em todo o globo.

• A depressão ataca cerca de 1,5 a 3 vezes mais as pessoas com familiares deprimidos do que a população em geral.

Outros dados importantes: segundo estudos do Dr. Hamish McAllister-Williams, PhD, consultor honorário do Departamento de Psiquiatria da Universidade de Newcastle no Reino Unido:

- Entre 5 e 10% da população sofrem de algum tipo de depressão.
- Durante nossa vida temos 20% de chances de termos episódios de depressão.
- Ter depressão não é sinal de fraqueza.
- Não há particularmente "tipos de personalidade" com maiores riscos de ter depressão do que outros.
- Não há um entendimento completo sobre as causas da depressão.
- Os genes podem tornar algumas pessoas mais vulneráveis à depressão do que outras.
- Eventos estressantes na vida, como a perda de emprego ou a ruptura de um relacionamento, podem estimular o aparecimento de episódios depressivos.
- É muito claro que ocorrem mudanças na maneira como o cérebro funciona, quando uma pessoa está deprimida.
- Os modernos sistemas de escaneamento cerebral podem mostrar como o cérebro está funcionando e mostrar como algumas áreas, como o córtex frontal, não estão trabalhando de maneira "normal", durante um episódio depressivo.
- Pacientes com depressão apresentam altos índices, além do normal, dos chamados hormônios do estresse.
- Antidepressivos podem ajudar a equilibrar e reverter o quadro depressivo.

Cuidado para não confundir "baixo astral" ou luto com depressão.

Hoje, vivemos num processo extremamente estressante e nosso corpo e cérebro não se adaptaram ainda às agressões que nós estamos proporcionando física e mentalmente, com o consequente desequilíbrio do nosso "relógio interno".

Esse ambiente de agressão e frustração, que muitas vezes nos impomos por falta de uma noção do que é real e factível, pode ocasionar certa perda de motivação e um desinteresse momentâneo. Outras situações como as citadas anteriormente, a perda de um trabalho ou de um ente querido, são situações que nos deixam tristes, às vezes por alguns dias, o que não quer dizer que estamos deprimidos. Existem alguns sintomas que podem surgir e que merecem ser investigados. Por isso, é muito importante ter seu médico de confiança, seu clínico geral e trocar ideias com ele para eventualmente buscar a ajuda de um especialista.

Alguns sintomas que podem indicar um estado de depressão:

• Incapacidade para obter prazer em atividades que normalmente você considerava prazerosas.
• Perda de interesse em atividades normais e *hobbies*.
• Distanciamento de amigos e familiares com quem convivia normalmente.
• Sentimento de perda de energia, sem uma razão específica.
• Dificuldade para adormecer, sono com muitas interrupções, ou perder o sono muito antes da hora de ter de acordar para seus compromissos diários.
• Perda ou ganho excessivo de apetite.
• Perda de interesse sexual.
• Falta de concentração.
• Irritabilidade ou "pavio curto".
• Perda de autoconfiança.
• Dificuldade constante de encontrar saídas para seus problemas.
• Perda de esperança no futuro.

Caso você perceba a presença simultânea de vários desses sintomas, procure seu clínico ou um especialista.

Neste momento, gostaria de chamar sua atenção para os seguintes pontos:

- Depressão é algo que pode acontecer com qualquer um de nós, tendo em vista nosso estilo de vida e o contexto em que vivemos.
- Apresentar sintomas de depressão não quer dizer que você é "menos".
- Depressão é algo que se pode resolver facilmente a partir do momento em que você tem o diagnóstico certo e conta com a ajuda de um profissional médico.
- Os remédios disponíveis no mercado hoje em dia são eficazes e muitos deles não causam dependência.
- A combinação de remédios com terapias adequadas é em geral a melhor maneira de tratar os processos depressivos.
- Partindo do princípio de que você é um líder, recomendo fortemente observar os membros de sua equipe. Procure perceber se alguém não poderia estar passando por um episódio depressivo. Se houver "fumaça", converse com ele, fale com a área de RH e recomende a ajuda de um profissional.
- Processos psicoterapêuticos ajudam o indivíduo a se conhecer melhor e lidar mais facilmente com seus dilemas e frustrações, bem como a reconhecer seus atributos e potencialidades.
- O riso é uma grande ajuda não só nos processos depressivos, mas também para levantar nosso "astral".

Ter senso de humor não é somente contar piadas, mas levar a vida de maneira mais leve.

Uma dica que dou aos meus clientes, quando aparecem com um grande problema, é que se façam a seguinte pergunta: "O que de pior pode acontecer se este fato vier a ser verdade?" Chamo isto de gatilho contra o medo. Quando temos um problema, em geral ficamos com medo e inseguros quanto às consequências. Porém, geralmente não fazemos uma avaliação objetiva e nos deixamos ser atingidos pelas nossas emoções desencadeadas pelo sistema límbico, sentindo insegurança e medo. Perdemos nossa capacidade de avaliação e, quando aplicamos o "gatilho contra o medo", os problemas ficam menores e se relativizam, com a consequente diminuição do medo e da insegurança.

Um amigo contava uma história de um médium que psicografava alguns ensinamentos de um poderoso executivo que tinha partido desta vida para a outra. Uma ocasião, o executivo mandou a seguinte mensagem para nós aqui da Terra: "Agora que estou em outro plano pude fazer uma verificação do que passei, enquanto fui um bem-sucedido homem de negócios aí na Terra. Concluí que tive muitos momentos de alegrias e realização. No entanto, hoje percebo que o que mais me marcou foram os momentos de estresse e aborrecimento". "Anote aí", disse aquela alma ao médium que psicografava, "me aborreci muitas vezes, e digo com mais precisão agora, me aborreci cerca de 400 vezes com meus filhos por não cumprirem com suas obrigações diárias. Tive cerca de 1.500 aborrecimentos com minha mulher em discussões infindáveis. Estressei-me muito, cerca de 1.800 vezes, com subordinados e colegas de trabalho, sem contar as mais de 350 confusões com meus chefes. Porém o que mais me chateou foram as 25.000 vezes em que fiquei preocupado, chateado e estressado com fatos que jamais sucederam na minha vida".

Quando falo sobre riso e humor, sempre me transporto para algo que vi em Seattle, nos EUA. Refiro-me ao mercado de alimentos, o Pike Place, uma banca de peixes que ficou mundialmente famosa e faz enorme sucesso, graças à sua atmosfera divertida, agitada e alegre e à maneira peculiar de atendimento ao consumidor. O livro, já editado no Brasil, intitulado *Peixe! Como motivar e gerar resultados*, descreve as lições engenhosamente simples aprendidas com os próprios peixeiros de Pike Place, para injetar ânimo em seus subordinados diretos, gerando uma impressionante transformação no ambiente de trabalho. Para mim, que assisti ao vídeo no qual entrevistam um dos funcionários que acorda às 3h30min da manhã e no qual ele faz uma análise do ambiente inóspito do seu trabalho – imaginem o frio, o cheiro e o horário de trabalho –, a mensagem é: "Muito bem, eu tenho uma escolha a fazer sobre o meu dia: ou ele será ruim ou posso fazer algo divertido". E, sem rodeios, a maior marca que observamos é o bom humor, que não é só de fachada! Qualquer um, a qualquer hora do dia que for ao Pike Place, vai surpreender-se com o humor, a alegria e o faturamento de uma peixaria que exporta para quase todo o planeta!

Cabe aqui realçar uma diferença entre ter bom humor e rir: rir é uma resposta psicológica ao humor, enquanto humor em si é um estado de espírito ou de ânimo (Dicionário Houaiss da Língua Portuguesa). No caso, bom humor é a qualidade positiva desse estado de espírito.

Segundo Steve Wilson, mestre em Psicologia pela Temple University, o senso de humor é a habilidade de ver algo "não sério" em algum elemento de uma situação.

Rir, por outro lado, é uma atividade física e quase sempre é uma resposta ao humor.

"Nós não sabemos ainda muito sobre a fisiologia do riso e muitos dos seus maravilhosos benefícios para a saúde, mas eles são muito parecidos com os benefícios que se obtêm com o exercício físico", afirma Steve.

Segundo o *The Laughter Clinic Project* (Projeto Clínica do Riso) da Inglaterra, que treinou mais de cinco mil médicos, psicólogos e enfermeiros, algumas pesquisas médicas mediram extensamente os movimentos que fazemos para sorrir ou rir, os quais não ficam restritos aos músculos do rosto, mas envolvem todo o nosso corpo. Foi constatado que podemos chegar a respostas englobando mais de 400 músculos durante uma sessão de risadas, o que chamaram de "aeróbica interna". Se uma pessoa risse por uma hora, poderia queimar perto de 500 calorias!

As pesquisas médicas também demonstram que ao rir liberamos agentes químicos em todo o nosso corpo, incluindo as endorfinas. Acontece o mesmo quando fazemos exercícios físicos. A endorfina é um hormônio natural no processo de relaxamento e diminuição da dor, além de estimular nossa sensação de prazer. Em pesquisas experimentais, o Dr. Lee Berk, da Faculdade de Medicina da Universidade de Loma Linda, na Califórnia, mostrou que rir e sentir alegria induzem o sistema imunológico a criar células "T", comumente chamadas de "células da alegria", contribuindo para a prevenção de infecções.

William Fry, professor emérito da área de Psiquiatria da Universidade de Stanford, diz que: "Criatividade e humor são idênticos. Esses dois processos consistem em unir dois assuntos que não têm uma conexão lógica, criando uma relação entre eles". É dele também a pesquisa que mostra que uma criança no jardim da infância ri cerca de 300 vezes por dia, contra 17 vezes de um adulto.

Um fato que as pesquisas mais recentes apontam é que o efeito do humor tem resultados diferentes, de um indivíduo para outro. No entanto, como quase tudo na nossa vida, os resultados de uma ação para um indivíduo são diferentes para outro, e isso não acontece apenas no caso do humor. Remédios, drogas mais pesadas, processos terapêuticos, processos de aprendizado, enfim tudo depende das nossas experiências internas. Creio que deveríamos ter, no nosso dia, um momento especial para rir e, inclusive, para desenvolver a capacidade de rir de nós mesmos. Tenho conhecido pessoas ao longo da vida que realmente conseguem superar dificuldades com muito mais facilidade, pois têm a capacidade de rir de si próprias.

Muito bem, a esta altura você, leitor, deve estar perguntando: afinal, o que rir tem a ver com depressão? A resposta é: qualquer ação terapêutica que você escolha para tratar de episódios depressivos será muito mais eficaz se você praticar o sorriso no seu dia-a-dia. À medida que há maior produção de serotonina, entre outras substâncias de efeito tranquilizante, o processo de recuperação do seu bem-estar será muito mais rápido.

COMO OS EXERCÍCIOS FÍSICOS PODEM ATUAR E CONTRIBUIR PARA DIMINUIR OS ESTADOS DE DEPRESSÃO

Foram realizadas centenas de estudos ao redor do mundo para descobrir de que maneira o exercício físico altera o humor e contribui nos processos de depressão, detalhando os efeitos dos neurotransmissores no cérebro, durante a atividade física.

É importante termos uma ideia desse processo. Para tanto, temos de iniciar compreendendo o papel das endorfinas no nosso cérebro. Elas são neurotransmissores, cuja principal função é aliviar naturalmente a dor. Além disso, no nosso processo fisiológico, as endorfinas estão relacionadas ao sentimento de euforia e atuam junto aos reguladores fisiológicos da fome e dos hormônios sexuais.

Uma das endorfinas relacionadas à atividade física é a serotonina. Pesquisas recentes divulgaram que não é a ausência de serotonina o único grande responsável pelos processos de depressão. No entanto, isso é apenas o começo dos estudos e, de qualquer forma, a serotonina continua sendo um dos principais fatores relacionados à regulação da depressão.

Ocorre que o aumento na produção da serotonina pode ser amplamente detectado, quando nos exercitamos. Sendo a função básica da serotonina a regulação das nossas emoções, o resultado é que, quando nos exercitamos, temos uma melhora significativa no nosso estado de humor. Inclusive estudos comprovam que a manutenção de exercícios físicos por períodos prolongados pode levar até a estados de euforia.

Já tive a oportunidade de ouvir relatos de várias pessoas que praticam corrida. Segundo elas, depois de certo tempo, o estado que atingem é de certa euforia. Nesse ponto, passam a querer correr ainda mais. Por isso, recomendo fortemente que os adeptos da corrida como prática física contem com orientação médica, usem um detector de batimentos cardíacos e corram sob a estrita orientação de um *personal trainer*.

O estado de euforia é algo que pode fazer você perder o controle e querer ir além de sua capacidade física.

Recordo-me que há dois anos convivi com um senhor aposentado que chegou a ser matéria no jornal *O Estado de São Paulo* como exemplo a ser seguido. Era comum encontrá-lo às 7h30min da manhã, quando ele me dizia: "Pois é, Emerson, estou voltando de Santos a pé!". Com certeza, isso era um grande incentivo, principalmente vindo de um homem que até seus 50 e tantos anos tinha sido absolutamente sedentário e que, naquela época, participava até de provas de triatlo, em competições no Brasil e na Europa.

Um belo dia, meu taxista disse que meu amigo tinha morrido no dia anterior. Chequei a informação e realmente ele havia tido um infarto fulminante na esteira, durante uma corrida, apesar do acompanhamento de mais de doze médicos de um renomado instituto de medicina paulistano.

Ao longo dos anos, aprendi que mais importante que a consciência estética é ter consciência corporal, o que significa sentir seu corpo e suas limitações. Respeitar suas limitações é importante, mas isso pode ser difícil para nossos super-homens solitários, em geral altamente competitivos!

Lembre-se de que quando você conhece um atleta profissional ou um amador muito bem preparado, está deparando com alguém que tem anos de treino e experiência. Existe por trás dessa pessoa uma história que vem de longa data com treinos, disciplina, orientação e dedicação de tempo, sem contar aspectos genéticos que contribuem para uma determinada performance.

Outras pesquisas também mostraram que atividades aeróbicas estimulam a produção de feniletilamina, uma substância química natural do nosso corpo relacionada com energia, capacidade de atenção e humor. Estudos mostraram que o déficit desse componente leva a estados depressivos e que atividades físicas em esteira, por 30 minutos, podem elevar em até 77% esse componente na circulação sanguínea, permitindo-nos concluir que isso também pode ajudar o tratamento de estados depressivos.

Entre os efeitos psicológicos que também acompanham a prática de exercícios está a sensação de um maior bem-estar e de mais autoestima. Nesses momentos, os super-homens podem dizer para si mesmos: "Finalmente, um tempo para mim mesmo". Isto ajuda muito psicologicamente e também colabora significativamente no tratamento da depressão e do mau humor.

Outra questão é saber quais exercícios contribuem para a perda de peso e para uma melhor qualidade do sono, o que novamente contribui na recuperação dos estados depressivos.

Quando falo aqui sobre exercícios físicos é para que você reflita sobre o quanto isso pode ajudá-lo a ter uma vida mais saudável, aumentar sua qualidade de vida, longevidade, criatividade e produtividade.

A ideia não é que você, de um sedentário, transforme-se num atleta de alta performance participando de competições pelo mundo afora.

Para os nossos propósitos, a atividade física não necessariamente precisa ser um esporte competitivo e de alto impacto. Caminhadas, exercícios de pilates, a prática de yoga, tai chi chuan, natação, hidroginástica, ou outras atividades de baixo impacto, desde que feitas com regularidade, ajudarão a manter a saúde e poderão contribuir decisivamente como atividade terapêutica auxiliar nos casos de depressão e de combate ao estresse.

Pessoas deprimidas em geral mostram interesse em novas atividades, e uma nova atividade física pode gerar maior capacidade de foco e mais energia, ajudando-as a superar seu estado.

Outra questão que considero relevante para os nossos super-homens diz respeito às mulheres. Afinal, lidamos com elas no dia-a-dia, no ambiente profissional e pessoal.

Estudos de Daniel Goleman mostraram que as mulheres têm em geral uma capacidade 50% inferior à dos homens para produzir serotonina, durante um período de 24 horas. Portanto, elas são mais vulneráveis do que eles a estados depressivos e de mau humor, o que faz da atividade física algo extremamente importante na manutenção da saúde física e mental da mulher. E, para agravar ainda mais a situação das mulheres, elas passam pelo período da menopausa com seu concomitante desequilíbrio hormonal e baixa produção de serotonina.

O que podemos concluir é que, para levantar o humor e sair da depressão, além das drogas, temos estes dois maravilhosos instrumentos que formam uma combinação perfeita: o riso e a atividade física.

Conheço muita gente que, em princípio, tem forte resistência ao uso de medicamentos, e eu respeito muito isso. Assim, busquei neste capítulo abordar caminhos alternativos, tanto como terapêutica principal quanto complementar. O mais importante é refletir e abrir-se com alguém de sua confiança, buscando ajuda de um especialista.

ALGUMAS QUESTÕES PARA VOCÊ REFLETIR:

- Você associa depressão com fraqueza ou fragilidade?
- Você já teve a oportunidade de ajudar alguém que estivesse deprimido? Como você se sentiu nessa situação?
- Quanto o seu ambiente de trabalho contribui para um clima descontraído? E para um clima tenso? Há algo que você possa fazer?
- Quantas vezes você deu gargalhadas nesta última semana?
- Já percebeu como é gostoso e contagiante dar risada em grupo?
- Falando da atividade física, você chama este momento de "exercício" ou "esporte"? É obrigação ou prazer?
- Se você hoje está sedentário, o que o impede de praticar uma atividade física?

* * *

DICAS:

- Esteja atento aos possíveis sinais vermelhos da depressão na sua vida e na dos seus colaboradores.
- Discuta o tema com seu médico.
- Cultive o bom humor e a capacidade de rir de você mesmo.
- Propicie momentos de descontração periódicos no ambiente de trabalho.
- Procure assistir a filmes ou peças de teatro que o façam rir.
- Reveja sua última semana e escolha um momento engraçado que você vivenciou. Lembre-se dele e dê mais uma risada.
- Escolha uma atividade física que lhe dê prazer e seja fiel ao seu comprometimento com ela.
- Faça uma lista dos ganhos que você pode ter praticando regularmente uma atividade física. Essa lista lhe motivará mais quanto mais concreta ela for: saúde, beleza, boa forma, resistência, flexibilidade, criatividade, bom humor, melhora nos relacionamentos, melhor qualidade de sono, maior disposição ao despertar...

CAPÍTULO 10

ADMINISTRANDO O TEMPO EM FUNÇÃO DOS SEUS VALORES

Podemos definir administração do tempo como um dos assuntos centrais de qualquer executivo nos dias de hoje. Administrar o tempo envolve, essencialmente, a habilidade de obter maiores resultados com foco nas atividades mais importantes, em termos de realização a longo prazo, e na prevenção de eventos que possam dificultar a consecução dos objetivos e das metas estabelecidas.

Em 1983, tive meu primeiro contato com um curso sobre administração do tempo e, por incrível que pareça, esse assunto nunca mais me abandonou.

Recordo-me a primeira propaganda que vi sobre um *laptop* em uma revista americana. Tratava-se de um executivo com o seu *laptop* no meio de um campo maravilhoso. A imagem sugeria mobilidade e ganho de tempo para poder desfrutar mais a vida.

Se observarmos a grande promessa das tecnologias modernas, veremos que a rapidez é uma constante na execução das tarefas. Aí está embutida a promessa de dar ao homem mais tempo para desfrutar a vida.

Imagine o ganho de tempo que tenho ao escrever este livro em um computador. Se fosse há alguns anos, estaria escrevendo num caderno espiral e as correções poderiam tomar um tempo extraordinário. Com o computador, posso colar ideias, corrigir, mudar um tópico de capítulo, enfim quase reescrever o livro num tempo infinitamente inferior, se comparado com a maneira como escrevíamos no passado.

No ambiente do trabalho, fazer uma apresentação em *power point* virou brincadeira perto das antigas transparências da 3M para retroprojetores.

Mandar um fax é algo que ainda me surpreende ou, mais ainda, poder ver o rosto da neta da minha mulher que acabava de nascer na França, através de uma câmera digital, via internet, em tempo real!

No entanto, quando realizei uma pesquisa com cerca de 600 pessoas sobre fatores de estresse, o que apareceu em primeiro lugar foi a pressão do tempo sobre suas atividades diárias. Aí não importa o nível hierárquico ou a idade. O ser humano, principalmente nos grandes centros urbanos, tornou-se definitivamente refém da "falta de tempo".

Uma questão que tenho constatado cada vez mais é como, na maioria das vezes, é mais fácil marcar uma entrevista com o presidente de uma companhia do que com seus gerentes ou supervisores.

Chega a ser engraçado passarmos pela experiência de demorar três ou quatro meses para marcar uma reunião com alguém seja de qual empresa for. Às vezes fico até pensando: será que, quando eu for falar daquele assunto, ainda será válido?

Parece que dentro das organizações o tempo virou um jogo de mico em que todos querem passar o macaquinho para frente.

Sem dúvida, com o grau de competição agregada aos altos e baixos da economia, as empresas estão muito preocupadas com o *headcount*, que implica manter ao máximo o mesmo número de pessoas fazendo um volume maior de tarefas. Quando o assunto envolve custos, a ação se concentra no corte dos funcionários, e o pior é que, muitas vezes, com estes se vai grande parte do conhecimento e da cultura da empresa. Por sinal, aqui cabe uma observação que tenho feito ao longo dos anos: os cortes em geral são feitos por novas chefias ou empresas de consultorias externas. Outra questão é: quando se faz uma contratação não se pensa no futuro? Às vezes, é melhor crescer consistentemente do que dar passos que impactam negativamente a empresa, uma vez que o problema não fica apenas para quem perdeu o emprego, mas para aquele que viu o facão passar por perto. Tenho visto empresas que entram num profundo processo de paralisia na medida em que as pessoas ficam atemorizadas e desmotivadas, dada a expectativa de quando o processo de dispensa vai parar.

Os executivos se sentem absolutamente pressionados com o tempo dentro das organizações e, como se não bastasse, também se sentem pressionados por seus compromissos familiares e sociais.

Há anos venho ministrando cursos de administração do tempo e participando da organização do tempo de executivos, em processos de *coaching* individual. Algo que constato com muita frequência é que a maioria das pessoas que reclama da falta de tempo não tem sequer um diagnóstico de como usa o seu tempo. Por outro lado, sequer têm uma agenda, que hoje pode ser substituída pela tecnologia da informática, nos mais variados desenhos, programas e utilitários.

Ora, temos de concordar que Deus foi democrático e deu 24 horas para todos, dizendo: sejam felizes com seu tempo!

O problema é que a falta de tempo traz consequências nocivas para nossa saúde. O estresse constante nos desgasta de uma maneira incrível, ocasionando doenças, muitas vezes irrecuperáveis, como o diabetes e o infarto do miocárdio.

Durante todos esses anos, tenho participado de muitos cursos e discussões sobre administração de tempo, e concluí que administrar o tempo nada mais é do que priorizar seus afazeres a partir dos seus valores e aprender a dizer "não".

Administrar o tempo é algo que só se faz a partir de uma avaliação de valores. Se o assunto é tempo para fazer ginástica ou para o lazer, reveja seus valores pessoais. Se é um projeto x ou y, reveja seus valores profissionais e o impacto e o resultado de cada projeto em seu trabalho.

Administrar o tempo é fazer escolhas, optar por aquilo que é mais importante, que você acha que tem mais valor.

Parece simples, não? Mas por que as pessoas não agem a partir dessa premissa? Porque não têm tempo, estão pressionadas com inúmeras demandas e estão com a mente agitada com a perda da capacidade de raciocínio. Nesta hora, a racionalidade é algo fundamental. O que perco e o que ganho se optar por fazer isto ou aquilo?

Mais uma vez, é importante citar que a serenidade é fundamental. Se as pessoas compreendessem que a mente precisa de alimento, tanto quanto seu estômago, teríamos um maior número de pessoas desestressadas e mais produtivas.

Além do fato de as pessoas não usarem agendas e outros instrumentos de gerenciamento de tempo, elas não têm nada que lhes indique como usam o tempo.

No meu curso de administração do tempo, reservo uma parte que invariavelmente é para surpresas, um momento de risos e descontração. É quando a pessoa preenche uma planilha de como imagina que gasta seu tempo. Surgem resultados engraçados quando, o que é muito comum, as pessoas percebem que acham que seu dia tem 26 ou 27 horas. Os sábados então são muito elásticos e geralmente passam das 30 horas!

Se as pessoas sentem o dia assim, vão comportar-se a partir dessa perspectiva interna, o que obviamente não será exequível na realidade de um dia de 24 horas.

A outra questão que surge invariavelmente é o *feedback* no final do curso, quando as pessoas percebem o quanto gastam tempo com coisas desnecessárias ou, pior ainda, o quanto não gastam tempo com coisas e pessoas que são realmente importantes na sua vida.

Frases do tipo "não sei como meu marido está comigo, uma vez que não dou tempo para ele", ou "preciso realmente mudar e estar com meus filhos", ou ainda "não dou tempo para conversar com meus subordinados" são frequentes na conclusão do curso.

É importante distinguir a *eficácia, que é fazer a coisa certa no tempo certo,* da *eficiência, que é apenas fazer a coisa bem-feita.* Precisamos valorizar o resultado que queremos e o que é exequível de se obter para que possamos atingir nossos objetivos.

Portanto, se você realmente quiser ter sucesso na administração do seu tempo, faça uma profunda avaliação do valor das coisas que são importantes para você na sua vida pessoal e na rotina de trabalho.

ALGUMAS QUESTÕES PARA VOCÊ REFLETIR:

- Quanto você se sente pressionado pelo tempo?
- Você já avaliou como usa seu tempo?
- Com que frequência você faz isso?
- Você se considera uma pessoa centralizadora ou não? Por quê?
- Pense na administração do seu tempo e veja como está alinhada com seus valores de vida e profissão.
- Que estratégias você tem usado para aprimorar a administração do seu tempo?
- De 0 a 10, qual o peso do tempo como fator de estresse na sua vida?

***

DICAS:

- Faça um diagnóstico de como você usa o seu tempo.
- Dê tempo para o ócio, ele abre espaço para sua criatividade.
- Dê tempo para sua mente parar de pensar por alguns instantes diariamente.
- Pense em quais mudanças poderiam melhorar sua maneira de administrar seu tempo.
- Avalie sempre quanto tempo você dedica àquelas coisas que realmente são importantes para você. Certamente você fará mudanças.

CAPÍTULO 11

RECONHECIMENTO, AFINAL TODOS NÓS PRECISAMOS UM POUCO

Felipe tem 32 anos e agora, depois de trabalhar vários anos com o pai, resolveu quebrar os laços de dependência. No entanto, não tem conseguido desenvolver uma carreira profissional de sucesso.

Felipe tem uma grande experiência em administração de empresas, além de ter cursado uma boa faculdade, ter viajado e falar várias línguas.

Como a empresa de seu pai faliu depois de vários anos de sucesso, hoje se sente um fracassado. O relacionamento com seu pai hoje é tenso e distante.

Felipe tem um enorme medo de fracassar novamente e de não poder provar ao pai que é possível triunfar sem a ajuda dele. Sente tanto medo de fracassar que tem dificuldade até para mandar um currículo e se submeter a entrevistas.

Procurando ajudá-lo com meu trabalho de *coach*, consegui fazê-lo mergulhar mais profundamente nessa questão e verificamos que ele estava estagnado na busca do reconhecimento de seu pai. Desde a infância, e agora mais do que nunca, o reconhecimento precisava vir do pai para sustentar seu processo de auto-afirmação.

A partir do momento em que ele percebeu de maneira consciente que estava procurando o emprego para provar algo para seu pai e ser reconhecido, a situação ficou mais fácil de se resolver. Pôde então compreender que o emprego não deveria servir para provar nada ao pai, mas sim para realizar seus sonhos e atender a valores importantes da sua vida, como segurança, conforto, ser produtivo e poder criar coisas.

Depois de ter-se libertado da necessidade de provar seu mérito para o pai, conseguiu o emprego que queria e está construindo uma carreira brilhante!

No meu trabalho diário com executivos, profissionais liberais e estudantes, esse assunto talvez seja um dos mais trabalhosos.

Reconhecimento é algo de que todos nós precisamos. O grande problema é a dose certa para cada um, dentro do contexto em que atua.

Reconhecimento é algo que está ligado ao nosso ego e vivemos em uma sociedade em que o ego vem em primeiro lugar.

Nossa necessidade de reconhecimento surge na mais tenra idade. E o fato de surgir tão precocemente cria padrões que nos limitam quando nos tornamos adolescentes e adultos.

Quando crianças, precisamos ser reconhecidos pelos nossos pais. Precisamos conquistá-los para sermos admitidos no mundo de adultos do qual não fazemos parte. Aqui, não estou sequer falando daqueles que foram rejeitados durante a gravidez.

Antes de terem seus momentos de prazer, os pais deveriam preparar-se para eventualmente ter filhos. Digo sempre que os pais deveriam tirar "Carteira de Habilitação" para ter filhos.

Tenho trabalhado com pessoas rejeitadas durante a sua gestação e que, ao nascer, já estavam marcadas pela necessidade absoluta de contar com um alto grau de reconhecimento. Outras que foram rejeitadas após o nascimento porque não eram do sexo masculino, quando papai queria um menino ou vice-versa, sentem profundamente a necessidade de serem reconhecidas.

Com isso não quero dizer que você, leitor, tenha sido rejeitado por sua mãe, durante a gravidez ou logo após o seu nascimento. Mas quero sim dizer que esses casos são os mais dramáticos, a ponto de, quando surgem em meu trabalho pessoas com uma necessidade exacerbada de reconhecimento, eu considerar que há um sinal de fumaça que deve ser investigado por um bom profissional.

É comum, nesses casos, eu chamar para uma conversa a mãe e o pai, e geralmente onde há fumaça, há fogo. Já tomei contato com situações dramáticas, nas quais os pais, numa exacerbação de seus egos, tratam os filhos como se fossem bonecos destinados a dar-lhes prazer e satisfazer suas necessidades, comprovar sua virilidade ou atender a necessidades dos avós, e com isso acabam gerando uma situação em que o filho se sente renegado e, na idade adulta, mostra-se sem recursos para viver no ambiente profissional e familiar.

É comum deparar com executivos com uma enorme dificuldade para lidar com o tema do reconhecimento, tendo sido criados, dentre vários irmãos, sem a atenção devida e o amor necessário para dar-lhes segurança.

Todos nós, um dia, fomos intrusos na relação entre nosso pai e mãe, forçosamente dividindo as atenções, principalmente das nossas mães. Desde cedo, entramos no jogo de ter de conquistar nosso espaço e ser reconhecidos por nossos pais.

Frases do tipo "Você não merece", "Você deste jeito não vai dar certo", "Você é um fracassado", "Você faz tudo errado", "Você não sabe fazer isso" acabam entrando no nosso inconsciente, e de repente temos de provar aos pais e ao mundo que somos capazes de realizar coisas importantes para merecermos amor.

Sem dúvida, reconhecimento é muito bom, porque normalmente nos motiva a realizar mais. E quando nosso chefe ou nossa equipe não nos oferece esse reconhecimento?

Temos de estar muito centrados e ter um equilibrado senso de autocrítica para não perdermos o referencial e a perspectiva do que estamos fazendo.

Trabalhei com um cliente que, sendo o quinto filho de uma família com onze irmãos, tinha uma necessidade incrível de ser reconhecido e se destacar perante os outros. De presente pelos seus 50 anos, ganhou um chefe que lhe disse literalmente: "Não espere reconhecimento de minha parte, tapinhas nas costas etc. Sei que sou muito capaz e, se estivesse em seu lugar, sei que poderia fazer melhor. Então não espere reconhecimento, apenas execute suas tarefas!". Tive de trabalhar muito para ele chegar ao equilíbrio.

O grande problema dos executivos hoje é que o reconhecimento, neste mundo competitivo, pode significar uma ameaça. Uma ameaça de "o outro" se destacar, de um subordinado tomar o meu lugar, de o colega ser promovido no meu lugar ou até de outro conseguir um emprego melhor em outra companhia. Isto mexe com o nosso ego!

Outra questão crucial para os super-homens solitários é que, na medida em que precisam de tamanho reconhecimento, estão depositando no outro sua possibilidade de ser feliz.

Ora, à medida que o reconhecimento passa a ser um valor dentro de uma alta escala de prioridades e partindo da premissa de que ficamos felizes quando atingimos algo valioso para nós, estamos transferindo para o próximo o poder de nos fazer felizes, assim como um dia fizemos com os nossos pais e mestres.

Quando falamos em reconhecimento, estamos falando do juízo de valor dos outros em relação a nós e ao nosso trabalho e realizações. Na medida em que o juízo de valor é algo pessoal e apenas uma parte da visão da realidade, fica muito difícil "acertarmos" sempre. Portanto, precisamos ter uma autocrítica equilibrada. Temos de ter serenidade na avaliação e cuidado para não nos tornar exigentes demais com nós mesmos. O problema é que toda avaliação é subjetiva e temos de tomar cuidado com esse jogo, pois poderemos criar uma armadilha.

Encontramos grupos de pessoas que acham, em sua auto-avaliação, que tudo que fazem é perfeito e ficam centradas em si mesmas. O mundo é seu umbigo e não há espaço para críticas ou para a visão do outro. Tornam-se egocêntricas.

De outro lado, temos indivíduos sem a menor noção do que realmente fazem, depositando a avaliação totalmente nas mãos dos outros e se sentindo frustrados e infelizes praticamente o tempo todo.

Vale aqui o velho ditado: caldo de galinha e bom senso não fazem mal a ninguém!

Tenho trabalhado com muitas pessoas que ainda têm contra si o próprio contexto da empresa. É muito comum que os executivos não tenham métricas de resultados e padrões de avaliação.

Quantos executivos você conhece que só param para analisar seu próprio trabalho na hora da avaliação de desempenho, uma vez por ano, e apenas para justificar o tamanho da bonificação? Isto quando não acontece o que já presenciei com alguns clientes, que tiveram sua avaliação realizada por fax, uma vez que o chefe "estava muito ocupado". Isso é fato, é real e acontece muito mais do que imaginamos dentro das organizações, não importa o tamanho delas.

Numa dessas situações, tive um cliente que ficou profundamente decepcionado e irritado pela avaliação negativa e injusta que recebeu. Seu sistema límbico estava fervendo quando escreveu uma carta ao vice-presidente da empresa com todo o ódio e emoção que estava sentindo. Quando leu para mim a tal carta, pedi que relesse o que tinha escrito no dia seguinte. Pois bem, na releitura, rasgou a carta e, acatando meu conselho, marcou um almoço com o chefe para tratar do assunto de maneira positiva. Houve uma reavaliação de seus resultados com a qual ele se sentiu muito mais confortável, além de ter tido uma reavaliação do seu bônus.

É incrível como, na minha atividade de *coach*, encontro altos executivos que trabalham como loucos, dedicando horas a fio ao trabalho, sem ter sequer um fórum adequado dentro da organização para apresentar seus resultados. Muitos deles nem sabem por quais resultados serão avaliados. Outros simplesmente não são avaliados, o que gera neles ainda mais insegurança. O que percebo é uma revolta muito grande. Com o passar do tempo, os funcionários podem começar a agir segundo uma posição pendular, ora dando tudo de si, ora apenas cumprindo com as expectativas mínimas da chefia ou do time em que atuam. Outros menos éticos tornam-se verdadeiros camaleões, cumprindo com suas obrigações, atingindo metas e pouco se importando com o futuro da empresa.

Há anos, desde que eu trabalhava como executivo, a praxe em muitas empresas consiste em demonstrar reconhecimento com o bônus de final de ano. Já está na hora de os executivos usarem um pouco mais sua inteligência de liderança e perceber o quanto o reconhecimento em si é importante para as pessoas e não custa nada para a empresa.

Uma outra questão mencionada acima é a métrica de resultados. Pense que você, super-homem solitário, vende seu trabalho para o chefe ou para o conselho de administração. Exija clareza sobre os objetivos deles. Planeje as prioridades e mostre os resultados, comparando com as expectativas iniciais. Se você não cuidar em mostrar seus resultados, não serão seus colegas ou chefes que o farão.

Hoje, já começa a vigorar um novo paradigma dentro das organizações que, devo confessar, me assustou um pouco quando tomei consciência de sua existência: dado o contexto das fusões e processos de profissionalização das empresas familiares, o fato é que se impõe a perda do conceito de vestir e beijar a camisa. Nos Estados Unidos, um diretor de marketing dentro de uma empresa tem uma carreira que em média não passa muito de 11 meses. No Brasil, já sentimos esse reflexo e percebo que os líderes estão atualmente muito mais preocupados em ser profissionais disponíveis para "vender" seu trabalho no mercado, mesmo porque as empresas é que vêm implantando este processo de canibalização dos executivos. Não cabe aqui julgar se é certo ou errado. A história irá contar. No entanto, temos de ter em mente esse novo contexto que se apresenta e saber lidar com ele.

Para enfrentar essa questão do reconhecimento, é fundamental que você se coloque de fora e perceba suas realizações. Faça uma autoavaliação objetiva e procure pessoas sensatas para ajudá-lo.

Cuidado com a tendência humana de ver somente o buraco do pudim! Não transfira para os outros a responsabilidade e o poder de ser feliz.

ALGUMAS QUESTÕES PARA VOCÊ REFLETIR:

- Quando você era pequeno, como era a questão de ser reconhecido pelo seu pai? E como era em relação à sua mãe?
- Como foi para você a questão do reconhecimento, enquanto adolescente?
- Quem são as pessoas que mais reconheceram você na sua vida?
- Tendo o reconhecimento como valor, em que escala de prioridade este valor foi importante para você até agora?
- Quem são as pessoas que você acha que não lhe dão o devido reconhecimento? Por quê?
- Lembre-se de um caso em que você não foi devidamente reconhecido e, no entanto, tinha plena consciência de seu valor naquele momento.
- Você pode identificar na sua história algum padrão com relação a ser reconhecido? Esse padrão tem ajudado ou tem sido um empecilho?

***

DICAS:

- Muitas vezes não somos reconhecidos pelos outros porque eles têm dificuldade de elogiar. Se julgar importante a opinião de alguém, peça diretamente, pergunte: "O que você achou deste trabalho?".
- No ambiente empresarial, é comum não se ter referenciais de resultados. Vá à luta. Cave o que o seu chefe ou o conselho de administração querem como resultado.
- Em reuniões de trabalho, mostre e compare os resultados obtidos com os resultados esperados. Seja pró-ativo sem ser inconveniente.
- Escreva sempre. Palavras ditas são levadas ao vento. A maioria das pessoas é do tipo visual, portanto escreva, faça gráficos, compare seus resultados com o esperado e com os registrados no passado. Mostre que você faz diferença.

CAPÍTULO 12

TALENTOS, COM CERTEZA VOCÊ TEM OS SEUS!

Há questão de quatro anos, meu grande amigo, o Dr. Randall S. Riggs, médico psiquiatra residente em Seattle que me introduziu no mundo da inteligência emocional, presenteou-me com um livro provocativo que gerou uma série de conversas e estimulou mudanças significativas no meu trabalho de *coaching* pessoal e profissional.

Apesar de conhecer o meu trabalho, o Dr. Randall não imaginou o quanto aquele livro poderia estimular-me na quebra de um paradigma instalado nos processos de treinamento e no próprio planejamento estratégico como ferramenta de gestão de empresas.

O livro, que recomendo fortemente a todos os líderes e profissionais de recursos humanos, foi escrito por Marcus Buckingham e Donald O. Clifton, Ph.D., e se chama *Now, Discover Your Strengths* (Agora, Descubra seus Talentos), já citado no capítulo 7.

As principais conclusões de Buckingham e Clifton que serviram de base para uma nova perspectiva no meu trabalho foram:

• Existe a crença de que qualquer pessoa pode aprender a ser competente.
• Resultado: o foco dos processos de *coaching* e treinamento, nas empresas, está nos pontos fracos dos indivíduos.
• Despende-se muito mais tempo e dinheiro em treinamento do que em seleção.

• Promovem-se as pessoas com base em suas habilidades e experiências adquiridas, mas não por seus talentos.
• São mais bem remuneradas e mais prestigiadas as pessoas com mais experiências adquiridas ao longo do tempo.

A esta altura, torna-se fundamental a definição de talento e suas características, para podermos dar um significado comum a esta linguagem.

Talento é um padrão natural de pensamentos, sentimentos ou comportamentos que podemos aplicar de forma produtiva.
Principais características do talento:

• Talento não se transmite.
• Quando o talento se manifesta você não despende muita energia.
• Você reconhece o talento naquelas coisas que faz bem-feitas e com constância ao longo do tempo.
• Quando você faz algo para o que tem talento, você faz com paixão.
• Você reconhece o seu talento para aquelas coisas que lhe proporcionam uma satisfação intrínseca porque têm muito valor para você.

Você pode diferenciar o talento de conhecimento e habilidade:

• Talento é um padrão que se repete de forma sempre natural.
• O conhecimento está relacionado a eventos e lições aprendidas.
• A habilidade está relacionada com a sua capacidade de desenvolver as etapas de uma atividade.

Portanto, se você for fundo e descobrir seus talentos, agregar conhecimentos e desenvolver habilidades direcionadas para esses talentos, estará caminhando na direção de sua excelência e fazendo as coisas de maneira única, diferenciada e certamente com muito mais prazer.

Um caso que gosto de citar para meus clientes, e que é mencionado no livro de Buckingham e Donald O. Clifton, é o do grande jogador de golfe, Tiger Woods.

Tiger já jogava golfe aos oito anos de idade e, aos nove, dava aulas. A partir de 2000, tornou-se o desportista que mais faturou, ganhando mais do que o pentacampeão de Fórmula 1, Ralph Schumacher. Em seus treinamentos, seus *coachs* sempre gastavam muito tempo trabalhando seu ponto fraco, que era a banca de areia – aquele setor do campo que tem uma parte com areia, exige tacos especiais e tem regras próprias de como jogar e bater nas bolas. Nessa habilidade, Tiger Woods estava em 60º lugar, no *ranking* mundial.

A partir do momento em que o famoso golfista contratou Butch Harmon como seu *coach*, houve uma mudança de paradigma. O novo treinador começou a enfatizar o que Tiger fazia de melhor: seu *swing* de longa distância; ao mesmo tempo, dispôs-se a treiná-lo na banca de areia para colocá-lo no máximo na 30ª posição. Com essa estratégia, a posição da banca não atrapalharia o resultado final do jogo e Tiger passaria a treinar aquilo que realmente era o seu talento: a tacada de longa distância.

O *swing* de longa distância é algo que Tiger faz:

- de forma natural;
- sem gastar energia;
- com constância;
- e com muito prazer.

Isso o coloca entre os cinco melhores do mundo, posição que se mantém constante.

POR QUE TEMOS DIFICULDADE EM RECONHECER NOSSOS TALENTOS?

No meu consultório, tenho observado que as pessoas têm certa dificuldade quando se defrontam com a pergunta: qual é o seu talento?

Quando começo a trabalhar essa dificuldade com meus clientes, encontro de imediato uma questão que se repete com grande frequência: a falta de reconhecimento por parte dos pais e professores daquilo que fazemos bem-feito durante a nossa infância.

Por outro lado, nossa visão fortemente influenciada pelos valores da tradição anglo-protestante, para a qual o que vale é o esforço, contrapõe-se àquilo que fazemos naturalmente e sem grande esforço – uma das características do talento – e passamos a desprezar tudo aquilo que fazemos "sem suar".

Assim, o que fazemos sem esforço, naturalmente, não consideramos importante. Acabamos focados em melhorar e desenvolver nossos pontos fracos, despendendo muita energia, não fazendo nada com prazer, não conseguindo fazer com constância e obtendo resultados medíocres ou apenas médios.

Tenho refletido e discutido com empresários o fato de essa mesma equação ser utilizada nos processos de planejamento estratégico, nos quais em geral se discute e se gasta grande energia nos pontos fracos da empresa, sem se dar o mesmo grau de importância aos pontos fortes (seus talentos e vantagens comparativas).

Recordo-me que logo quando comecei a participar de processos de planejamento estratégico havia inclusive chacotas quando avaliávamos os pontos fortes, caracterizando-os como "autoelogio".

Nos processos de preparação para entrevistas de seleção, busco levar o candidato a avaliar seus pontos fortes e fracos. Com certeza, os pontos fracos são sempre em maior número do que os fortes. Portanto, repete-se a mesma equação.

Como seria de se esperar, o livro de Buckingham e Clifton contém uma metodologia para a avaliação de talentos predeterminados. No entanto, tenho recorrido ao mesmo método que utilizo no processo de levantamento de valores, às vezes, com o auxílio de técnicas de relaxamento que, sob o ponto de vista da PNL, ajuda o indivíduo a acessar suas partes inconscientes mais profundas. Na maioria das vezes, é nesses processos de relaxamento que afloram nossas percepções mais reais.

Dou como exemplo o levantamento de valores. Muitos *coachs* ou empresas de consultoria que trabalham no levantamento de valores fazem-no através de uma lista enorme, na qual o indivíduo deve marcar um X nos valores que são importantes para si. Em geral, a lista contém valores importantes para a vida e as pessoas têm muita dificuldade em descartar qualquer valor.

No entanto, quando conduzo um processo no qual o indivíduo tem de acessar e expressar seus valores, é surpreendente a dificuldade da grande maioria em listá-los.

O mesmo ocorre com o levantamento de talentos. Em geral, inicio o processo com um relaxamento e sugiro que o cliente reflita durante o fim de semana sobre o que é característico e único nele e que poderia ser chamado de "talento".

Os resultados têm-se mostrado eficazes, na medida em que meus clientes conseguem ir mais fundo e experimentar um verdadeiro *insight*. O indivíduo que parte para a descoberta dos seus reais talentos passa a direcionar melhor sua carreira para atividades que resultam em melhores resultados e com um alto grau de satisfação no trabalho.

Já houve casos de redirecionamento de carreira, além de uma experiência muito interessante, com a formação de um departamento específico numa empresa a partir da adequação da capacitação de um indivíduo e seu talento específico para liderar equipes dentro do processo de criatividade, na indústria da construção civil.

Aqui também se aplica uma reflexão sobre a questão do funcionário certo no lugar certo, tão difundida por Edward Deming, na década de 80. Neste mundo de inovações e mudanças tão constantes, às vezes incorremos no erro de jogar fora uma boa teoria quando aparecem novos "gurus" com suas teorias revolucionárias e uma boa dose de marketing em cima.

De uma coisa você pode ter certeza: descobrindo seus talentos e estimulando seus liderados a descobrir os deles, você terá melhores resultados com menos dispêndio de energia, num ambiente mais harmonioso e prazeroso de se trabalhar.

Portanto, está na hora de você refletir e quebrar esse paradigma. Converse com seus pares e profissionais da área. O importante é que você não fique imobilizado dentro desse velho e ultrapassado padrão. Afinal, liderar é ter a capacidade de olhar para frente e ser flexível.

ALGUMAS QUESTÕES PARA VOCÊ REFLETIR:

- Pense no que você faz sempre bem, com pouco esforço, naturalmente e que lhe dá um prazer muito grande. Estes serão seus talentos únicos. Faça uma lista deles.
- Parta dessa lista e pense em como você poderia aumentar ainda mais suas habilidades e capacitações na direção de cada um dos seus talentos. Quem tem talento para desenhar e estuda desenho, treina desenhando, rabisca em qualquer pedaço de papel, invariavelmente vai conseguir desenhar cada vez melhor.
- Procure priorizar definitivamente o empenho para aprimorar seus talentos, o que lhe dará um enorme prazer hoje e não apenas quando você atingir seus objetivos. O processo torna-se prazeroso em si mesmo!
- Há algum talento que você acredita ter e nunca colocou em prática? Por quê?
- Seus talentos são reconhecidos pelos seus pares?

***

DICAS:

- Procure saber que talentos os outros percebem em você. Muitas vezes nos surpreendemos e descobrimos coisas novas em nós mesmos.
- Seus talentos se manifestam em várias situações e contextos da sua vida. Preste mais atenção.
- Quando você faz bem alguma coisa e faz com muita naturalidade, investigue mais fundo: isto pode ser um talento seu.
- Procure pôr em prática algum talento que você reconhece e nunca teve a chance de usar.
- Ouse descobrir novos talentos!

CAPÍTULO 13

PLANEJANDO UMA VIDA EQUILIBRADA

Planejar, aqui, quer dizer dar um norte para a sua vida. Sabendo onde está o norte, você terá mais segurança até para enfrentar alguma virada em direção ao sul que a vida venha a lhe proporcionar!

Na verdade, planejar uma vida equilibrada é o que chamo de "Desligar o Piloto Automático". Esse é o nome de um *workshop* que ministro desde 1999, voltado para ambientes corporativos, e no qual defino o que seja "Desligar o Piloto Automático":

- Estar desperto para a vida e não apenas acordado.
- Conhecer seus valores pessoais.
- Conhecer seus valores profissionais.
- Assumir a responsabilidade por sua vida.
- Apaixonar-se pelo que faz, admitindo que você é um ser emocional.
- Ter a coragem de mudar, sonhar, empreender, errar e aprender, viver o presente, o agora!

Você só poderá planejar uma vida equilibrada se mergulhar dentro de si, indo fundo naquilo que é importante e "desligando seu piloto automático". Só conseguirá uma vida equilibrada se assumir de vez a responsabilidade de sua vida com você mesmo.

Aqui, no entanto, não vale representar, coisa que muitos executivos fazem como uma jogada de marketing para aumentar seu valor no mercado. Estou falando de congruência interior, que você possa olhar-se no espelho e ir para o travesseiro ter o sono dos tranquilos.

Falo em planejar partindo, uma vez mais, do princípio de um processo dinâmico e não estático. A vida é dinâmica, e as coisas surgem na maioria das vezes sem pedir licença, e isso pode ser o imponderável que ajuda ou que gera um obstáculo na sua vida.

É por isso que temos de estar despertos para o que acontece ao nosso redor e sempre nos questionar sobre aquilo que está acontecendo em nossas vidas. Para encontrar o equilíbrio, é necessário que estejamos com a mente em ordem, e isso só se consegue quando nos permitimos espaço para viver o presente e paramos de "ruminar".

PENSAMENTO E O PROCESSO CRIATIVO

Uma das explicações mais diretas e simples sobre o que acontece com a nossa mente recebi de Deepak Chopra, em um de seus seminários em San Diego. A partir de sua explicação, proponho o diagrama abaixo:

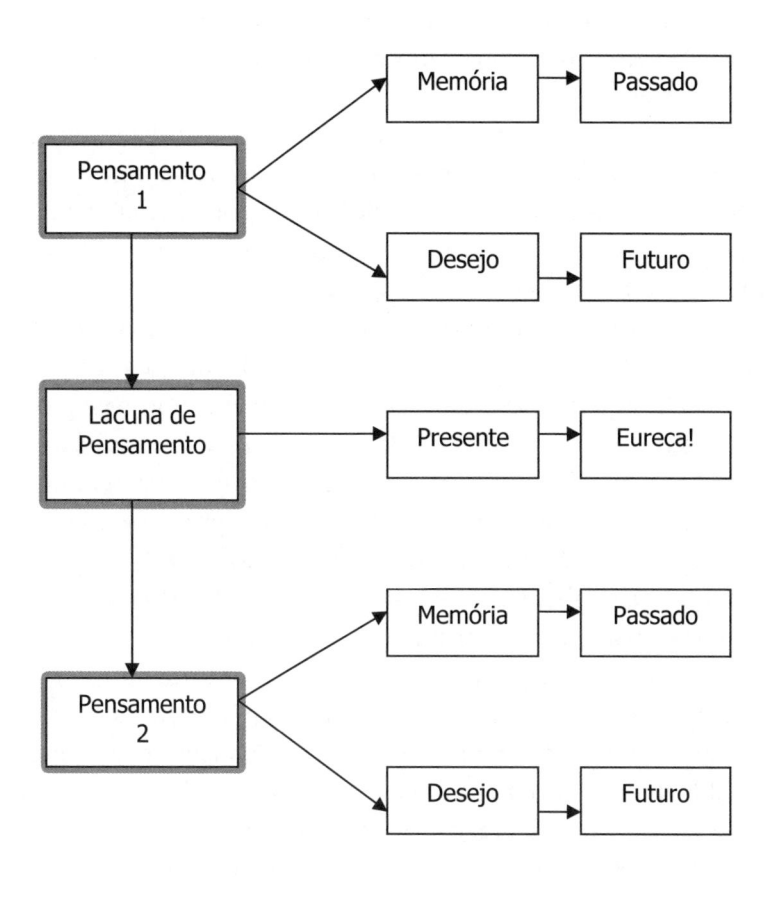

```
Pensamento 1 ──┬──► Memória ──► Passado
               └──► Desejo  ──► Futuro
      │
      ▼
Lacuna de Pensamento ──► Presente ──► Eureca!
      │
      ▼
Pensamento 2 ──┬──► Memória ──► Passado
               └──► Desejo  ──► Futuro
```

Vivemos em um mundo recheado de pensamentos. Temos de ser criativos para achar solução para tudo e acreditamos piamente que, para sermos criativos, temos de pensar segundo processos que chamo de *"construtivistas"*, ou seja, quanto mais racionalizamos, mais nos aproximamos da equação que, por conseguinte, será a solução dos nossos problemas.

É muito comum deparar com pessoas que dizem: "Só consigo ser criativo sob pressão". Essa também é uma crença muito difundida no meio publicitário, onde lamentavelmente as pessoas são sempre requisitadas a achar soluções de última hora.

Em geral, esquecemos de outras escolas de pensamento criativo, como as citadas por Domenico di Mase em seu livro *Emoção é a Regra*. Lá é citada a Bauhaus, por exemplo, na qual se parte do princípio do ócio criativo. A *Staatliches Bauhaus* (literalmente, *casa estatal de construção*, mais conhecida simplesmente por Bauhaus) foi uma das primeiras escolas de design do mundo, fundada pelo alemão Walter Gropius. Tornou-se também um grande centro de desenvolvimento das artes plásticas e da arquitetura de vanguarda. A Bauhaus funcionou entre 1919 e 1933 na Alemanha, tornando-se referência do modernismo em design e arquitetura. Vale uma reflexão sobre como uma cadeira da Bauhaus, criada em 1923, ainda é moderna e atual até os dias de hoje.

Pois é exatamente na lacuna do pensamento, naquele pequeno intervalo que surge entre um pensamento racional e outro, que temos nossas "eurecas"! Em contraposição ao pensamento criativo construtivista, movido pelo encadeamento racional de ideias, podemos falar dos nossos sonhos. Quantas vezes você encontrou soluções para seus problemas ao lembrar de um sonho?

Outro caso bem atual foi a criação do novo sonho automobilístico, o Alfa Romeo C8, que foi lançado na Europa no ano de 2007. A fábrica de Milão montou uma equipe de quarenta pessoas, escolhendo a metade delas entre designers aposentados e a outra metade entre jovens designers, para se juntarem numa mansão, a fim de criar um carro de sonhos, sem sofrer nenhuma pressão. O resultado foi excepcional. Esse veículo, de produção limitada – há apenas 500 unidades – já vendeu mais da metade antes mesmo de sair da linha de produção e será o carro base para a Alfa Romeo retornar em grande estilo ao mercado norte-americano do qual esteve ausente por mais de quinze anos.

Pois bem, quantas vezes você parou nos últimos doze meses para avaliar onde está e para onde quer ir no futuro? Onde estão escritos os seus planos? Não estou falando aqui de listas de desejos, sonhos e projetos. Estou falando de um plano com objetivos, prazos, e os seus pontos fortes e fracos que auxiliarão ou dificultarão atingi-los. Quais são suas prioridades? Por onde deve começar administrando seu tempo e todas as coisas que têm valor para você?

FAZENDO SUA RODA DA VIDA

Tenho utilizado a Roda da Vida como uma metáfora, ao mesmo tempo em que funciona como ferramenta de autoavaliação nos processos de *coaching* com meus clientes. Temos obtido resultados surpreendentes e esse recurso pode ser uma forma de priorizar ações.

Para fazer sua Roda da Vida

1. Minha sugestão é que você tire uma cópia da página 126, mantendo-a como matriz para tirar outras cópias no futuro.
2. Sente-se calmamente em um ambiente tranquilo, em que você possa estar só por alguns momentos.

3. Imagine cada setor da Roda e como você se sente em relação a esse setor.
4. Atribua uma nota de zero (péssimo) a cinco (ótimo) para cada setor da sua vida.
5. Ponha a data do dia em que você fez a Roda da Vida.
6. O ideal seria que você refizesse a Roda da Vida a cada quatro ou cinco meses para ir monitorando seu processo.
7. Para cada setor avaliado escreva em um papel:
   a) Por que este setor está ruim?
   b) Por que este setor está bom?
   c) O que devo melhorar neste setor?
   d) O que depende só de mim?
   e) O que depende também de terceiros?
   f) Que ações devo tomar?
   g) Quais são as mais fáceis que devo priorizar?
   h) Quais as mais difíceis que devo priorizar?
   i) O que devo fazer para manter os setores que estão bons?
   j) O que posso melhorar ainda mais?
   k) Para cada ação escreva o prazo de execução, o que você ganha e o que perde, quem ganha e quem perde com essa ação.
   l) Quais mudanças são necessárias para que você melhore?
8. Guarde-a para uma comparação com uma Roda futura a ser feita dentro de alguns meses.
9. Se surgirem questões mais profundas, que não consegue resolver sozinho, não desanime, procure a ajuda de alguém de sua confiança.

Os aspectos a serem avaliados:

1. *Lazer:* como anda o seu lazer. Satisfatório ou você gostaria de ter mais lazer?
2. *Alimentação:* como anda a sua alimentação quanto à qualidade, quantidade, variedade e regularidade das horas de refeição?
3. *Mente:* como está a sua mente? Está sempre agitada, calma, tem hora de relaxamento, enfim como se sente mentalmente?
4. *Saúde:* como anda a sua saúde? Tem cuidado dela fazendo *check-ups* regulares, tem visitado o médico e estado consciente da sua saúde?
5. *Família:* como está seu relacionamento familiar? Antes de mais nada pense quem faz parte do que você considera sua família. Sua família tem sido fonte de prazer ou de preocupação ou estresse?
6. *Relações afetivas:* aqui me refiro ao seu relacionamento amoroso. Com o seu par. Seu romance. Como anda este setor?
7. *Trabalho:* como vai o seu trabalho no contexto de sua vida atual? Está bom, ruim, é fonte de prazer e realização ou as coisas não andam bem neste setor?
8. *Relações sociais:* como andam, seja do ponto de vista das suas amizades e da sua *network*? Você está vivendo como você quer neste setor ou não?
9. *Aprendizado:* aqui trata-se do aprendizado de vida e não acadêmico. Como você tem cuidado do seu desenvolvimento pessoal?
10. *Esportes:* aqui me refiro a atividades físicas. Você está ativo ou sedentário?
11. *Consciência corporal:* você tem consciência do seu corpo e suas manifestações ou é do tipo que anda satisfazendo-se com uma boa aspirina quando sente uma dor e não procura e sente as causas dos desequilíbrios do seu corpo?
12. *Finanças:* você se sente seguro e confortável financeiramente ou este setor é fonte de desequilíbrio e estresse na sua vida?

Roda da Vida

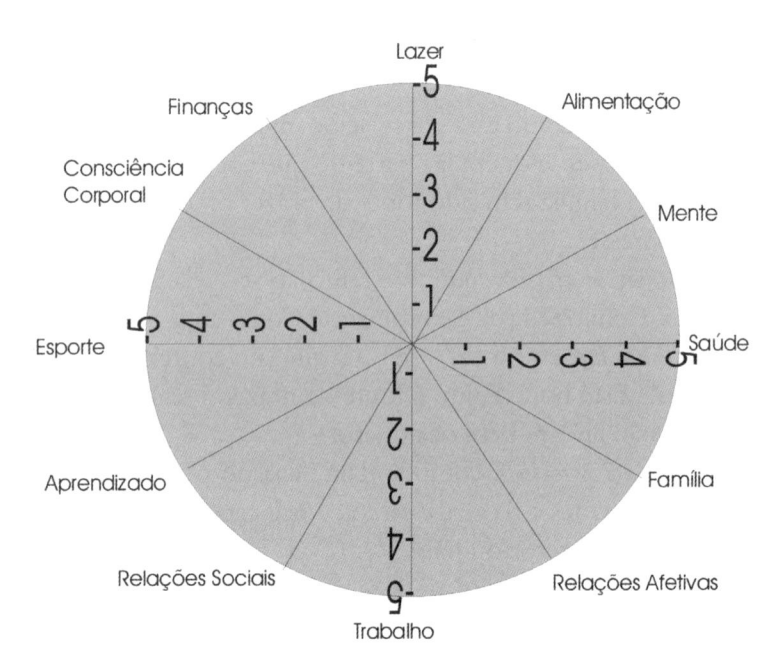

Digo sempre que a nossa vida é como um show de malabaristas de pratos no circo. Eles têm sempre de estar atentos para que os primeiros pratos da sequência continuem girando. Se um prato cair no chão e quebrar, o malabarista recolhe os demais e se despede do público. Mas para você devo lembrar: seu show não pode parar!

No universo tudo é dinâmico e seria impossível que nossas vidas fossem estáveis. E digo mais: se fossem, creio que seria muito aborrecido. Acho muito estranho encontrar amigos de mais de vinte ou trinta anos que continuam com sua vida do mesmo modo como anos atrás. Tudo igualzinho, o mesmo trabalho, vivendo num mesmo lugar, rodeados pelas mesmas pessoas e com os mesmos hábitos, frequentando os mesmos lugares e comendo os mesmos pratos.

De uma maneira ou de outra, a vida sempre puxa em algum ponto para que nos possamos desequilibrar e assim continuar com o nosso processo de evolução.

A Roda da Vida traz algumas vantagens

1. A Roda da Vida é uma fotografia que você tira de si mesmo, no exato momento em que está vivendo.
2. Na medida em que coloca seus pensamentos no papel, você automaticamente cria um outro ponto de vista que o auxiliará no processo de avaliação da situação.
3. Quando você está-se autoavaliando, cria um processo de melhor autoconhecimento e desenvolve sua capacidade de entender seus comportamentos e emoções.
4. Uma vez que avalia vários setores da sua vida, pode perceber como um setor está relacionado com outro e como deve cuidar de cada um.

5. Fazer a Roda da Vida a cada quatro ou seis meses ajuda a verificar a quantas anda seu processo de evolução no caminho que você julga mais importante.

6. Com esta Roda da Vida desenhada, você poderá mais facilmente definir prioridades em função dos seus valores e do seu tempo e iniciar pelas coisas mais simples que lhe possam trazer maior resultado, satisfação e uma vida mais equilibrada a partir do seu próprio ponto de vista.

7. Fatalmente os temas que surgirão facilitarão administrar melhor o seu tempo, proporcionando um maior equilíbrio entre a vida pessoal e a profissional.

Quanto mais a sua Roda estiver arredondada, melhor para você. Mas lembre-se: esse é um processo dinâmico e você é o grande malabarista. Espero que esta ferramenta possa ajudá-lo a aprofundar seu autoconhecimento.

DICA ESPECIAL:

- Nossa vida é dinâmica. Repita essa reflexão e esse exercício pelo menos a cada três meses. Você irá surpreender-se com você mesmo! Celebre suas conquistas!

CAPÍTULO 14

PROCURANDO A AJUDA DE UM *COACH*

Antes de mais nada, vamos para a origem da palavra *coach*. Utilizo a definição do dicionário Webster. *Coaching/coach*, em inglês; *coche*, em francês; *kutche*, em alemão, vem do húngaro *kocsi*.

Kócs é a cidade húngara onde a palavra foi utilizada pela primeira vez para designar "carruagem de quatro rodas".

Essa deu origem à gíria universitária norte-americana para designar "tutor particular", aquele que prepara o aluno para um exame em determinada matéria. Depois, passou a designar "instrutor ou treinador de atletas, atores ou cantores". Mais recentemente, o termo *coach* entrou para o mundo das organizações.

Devido ao desenvolvimento das minhas atividades, acabei sendo precursor do uso dessa palavra no Brasil. Comecei a usar o termo *coaching* em 1996, para designar o processo de acompanhamento e aconselhamento da carreira profissional e de administração da vida pessoal.

Desde que iniciei a prática do yoga, ainda jovem, comecei a perceber que o ser humano era um todo composto por corpo, mente e espírito. Dentro dessa perspectiva, sempre questionei nos meus estudos acadêmicos a separação que era feita entre os vários papéis que o ser humano representa, dando a entender que seria possível separar a vida pessoal da profissional.

Partindo dessa minha premissa básica, quando comecei a trabalhar como *coach* fiz questão de estabelecer uma sistemática partindo do ser humano como um todo. Ou seja, trabalho o profissional a partir do pessoal ou vice-versa, dependendo do caso.

Tenho trabalhado também com jovens na fase de escolher uma faculdade ou uma carreira. Percebi que os antigos processos de testes vocacionais não haviam atendido totalmente os anseios daqueles que vinham à minha procura.

Por outro lado, trabalhando com jovens, às vezes me surpreendo com quantos são mais "maduros" do que homens executivos com mais de cinquenta anos. Isto é algo que me intriga ainda hoje.

O *coach* não é uma profissão regulamentada no Brasil e nem no exterior, o que dificulta muito a escolha de um profissional para exercê-la. Não existe uma formação acadêmica para o *coach*, embora haja alguns cursos no Brasil, nos Estados Unidos e na Europa, normalmente ministrados por grupos de Programação Neurolinguística (PNL).

Um ponto que venho colocando em discussão é o fato de o termo *coach* ser utilizado para designar um atributo ou uma técnica para desenvolver os subordinados, dando ao executivo o papel de líder *coach*.

Creio que um líder pode até ter atributos de um *coach* ou exercer uma postura de "ouvinte e motivador de pessoas". Mas daí a atribuir o papel de um *coach* tem muita diferença. Pensando pura e simplesmente nos critérios para a busca de um *coach*, vamos bater de frente com atributos que são impossíveis de exigir de um líder.

Um dos pontos fundamentais do *coach* consiste em manter certo distanciamento do ambiente em que transita o profissional para que, com imparcialidade e isenção adequadas, possa assumir o papel de um "diretor de cinema", como costumo dizer.

Para ser um *coach* é preciso ter talento para isso e não é todo executivo que o tem. Como citei no capítulo 12, talento é algo que não se ensina ou transmite. Portanto, não é passando-se técnicas e ferramentas para os líderes que forçosamente teremos bons *coachs*.

Você iria eleger sua cunhada psicóloga para ajudar num assunto delicado entre você e sua mulher só porque ela é considerada boa profissional?

Outro ponto é que o *coach* necessita ter distanciamento dos contextos a serem trabalhados e técnicas para se manter suficientemente à parte dos processos emocionais dos seus clientes. Caso contrário, ele perderá a perspectiva da floresta (o todo) e colará seu nariz na árvore (detalhe/situação imediata), o que prejudicará a sua possibilidade de perceber outros pontos de vista diferentes dos do cliente.

Outro fator importante é a experiência do *coach* na solução e no encaminhamento de casos de sucesso. Aqui, as vivências passam a ser fundamentais, mesmo porque o próprio processo de *coaching* com o cliente é um grande laboratório de aprendizado para o profissional, uma vez que sempre há uma troca de experiências.

Outra questão é: afinal, qual é o papel do *coach*?

Costumo dizer aos meus clientes que um *coach* é como um diretor de cinema, que se preparou tecnicamente para ver de fora a cena, orientar a performance do ator, fazê-lo superar-se, tirando dele o seu melhor, aquilo que às vezes nem ele mesmo conhecia ou se julgava capaz.

O diretor é alguém que vê de fora, que entra em cena para ficar fora da cena e ajudar o ator a brilhar, a ir mais longe, a se superar, a conseguir a excelência e fluência dos seus talentos. Um bom diretor questiona, instiga, provoca, estimula, entusiasma, motiva, compromete-se junto. Ele exige com respeito e afeto, quer que seu ator jamais se contente com o razoável e ouse no caminho da perfeição.

É assim que eu me sinto quando estou no papel de *coach*, absolutamente comprometido, querendo tirar do meu cliente o que ele julgava ser impossível.

Voltemos à minha ousada metáfora: parto do princípio de que meus clientes são verdadeiros "Al Pacino", "Sean Connery" ou qualquer um outro desses monstros sagrados e maravilhosos do cinema. Eles têm amplo conhecimento da sua arte, sabem como representar, além de terem vivência e talento para esbanjar. Numa terceira posição, de fora, com "olhos de expectador" e um ponto de vista bem objetivo, como um diretor de cena, ouso querer como *coach* conseguir que meu cliente se supere, tenha êxito em realizar seus papéis com excelência e entusiasmo e, principalmente, descubra o imenso prazer de viver essa experiência.

Assim, o grande papel do *coach* é proporcionar ferramentas e provocar uma reflexão por parte do cliente para que se conheça melhor e encontre alternativas para desenvolver seus projetos, sejam no campo profissional ou pessoal. Com autoconhecimento, fica mais fácil fazer um diagnóstico dos pontos fortes e fracos, avaliando suas ameaças e oportunidades.

Outro aspecto que considero importante é dar instrumental ao cliente para que ele *descubra seus talentos e habilidades*, pois só assim ele poderá encontrar seu estado de excelência e dar um norte para sua vida, descobrindo sua missão única e individual.

O papel do coach é contribuir para que *"o homem saia da vida banal"*, como citava o filósofo Martin Heidegger (1889-1976), quando ele se encontra perdido, deteriorado em meio à massa, seguindo regras moldadas pelos valores da massa. O objetivo é contribuir para uma "vida autêntica", que, segundo o filósofo, "é *onde o homem se constrói segundo o seu próprio plano*".

Pois bem, sinto-me feliz em perceber que não estou parado e que por aí muitos outros colegas vêm seguindo esse mesmo caminho do servir. O *coach* pode, sim, dar sua contribuição a essa atividade tão nobre, que recebe a essência do ser humano com todas as suas angústias, medos e coragem. Com carinho e responsabilidade, o *coach* pode *ajudar as pessoas a se tornar mais livres, realizadas e felizes.*

Quando isso for compreendido pela maioria, estaremos dando um grande salto qualitativo, e muitos não precisarão mais omitir que vão a uma sessão de *coaching*, nem dizer que estão indo "tratar da coluna". Ao contrário, aprenderão a dizer que estão cuidando da sua alma, dos seus sonhos, dos seus projetos.

ALGUMAS QUESTÕES PARA VOCÊ REFLETIR:

- Você conhece alguém que passou por um processo de *coaching*?
- Esse assunto é discutido dentro do seu ambiente de trabalho?
- Você já sentiu a necessidade de partilhar uma insegurança e poder fazê-lo com total confiança e transparência?
- Quais os temas que você gostaria de discutir com um *coach* neste momento, se tivesse a chance?
- O que você esperaria de um *coach* no momento profissional que você está vivendo agora?

* * *

DICAS:

- Procure uma pessoa que, além de conhecimento técnico quanto a ferramentas que possam ajudá-lo do ponto de vista prático e comportamental, tenha vivência do mundo corporativo e preferentemente uma visão multidisciplinar.
- Procure indicações de pessoas conhecidas, apesar de muitas pessoas que fazem o processo de *coaching* não gostarem de indicar o *coach* para amigos, sentindo-se desconfortáveis até em dizer que participam de um processo dessa natureza.
- Estabeleça claramente o que você quer para ter parâmetros de resultados.

- Ética e responsabilidade são uma questão essencial dentro do processo. Procure saber quais as regras que norteiam a conduta do profissional.
- Procure deixar clara qual é a responsabilidade do *coach* e quais são as suas responsabilidades, no desenvolvimento do trabalho.

Seguindo esses pontos você poderá encontrar um bom profissional de *coaching*, estabelecer uma relação de confiança e atingir o resultado esperado.

CAPÍTULO 15

APOSENTADORIA?
REVEJA SEUS CONCEITOS

Aposentar-se é um tema que, a cada dia, ganha uma maior dimensão em vários setores da atividade humana. Sistema previdenciário, saúde, qualidade de vida, marketing de consumo, atividades físicas, entretenimento e viagens são alguns setores da sociedade que passam a levar a sério o aposentado.

Tive e estou tendo a oportunidade de acompanhar o processo de aposentadoria de algumas pessoas e tenho-me interessado muito sobre esse tema tão importante. Assim, acrescentei-o como um capítulo específico neste livro.

Nos últimos 15 anos, tenho verificado mudanças substanciais na abordagem da aposentadoria, e digo que os executivos estão vivenciando esta transição de maneira tão rápida que muitas pessoas não estão efetivamente preparadas para vivê-la de maneira plena.

Uma mudança significativa, com impactos sobre todos os setores direta ou indiretamente ligados ao processo de aposentadoria, é o aumento expressivo da expectativa de vida, não só nos países desenvolvidos, mas nos países em desenvolvimento como o Brasil.

GRÁFICO DO CRESCIMENTO DA EXPECTATIVA DE VIDA

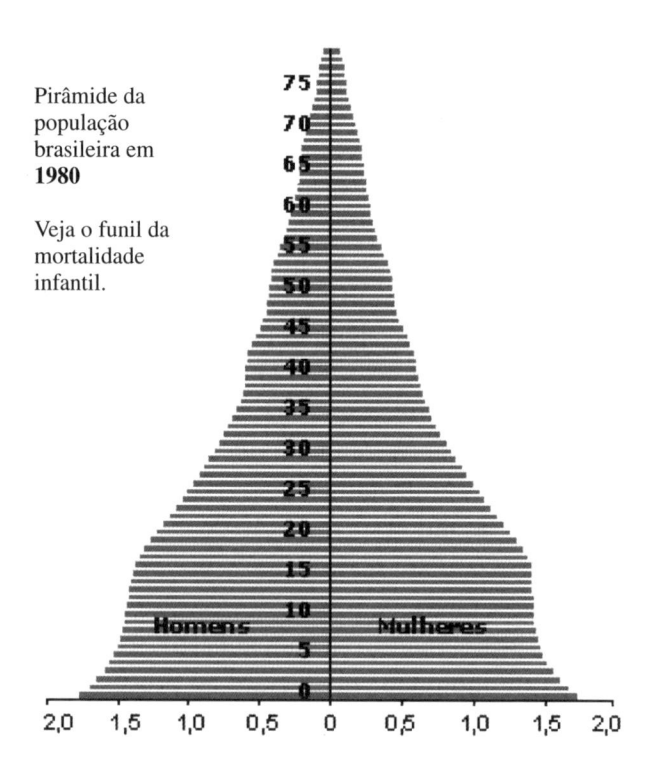

Pirâmide da população brasileira em **1980**

Veja o funil da mortalidade infantil.

Homens / Mulheres

APOSENTADORIA? REVEJA SEUS CONCEITOS

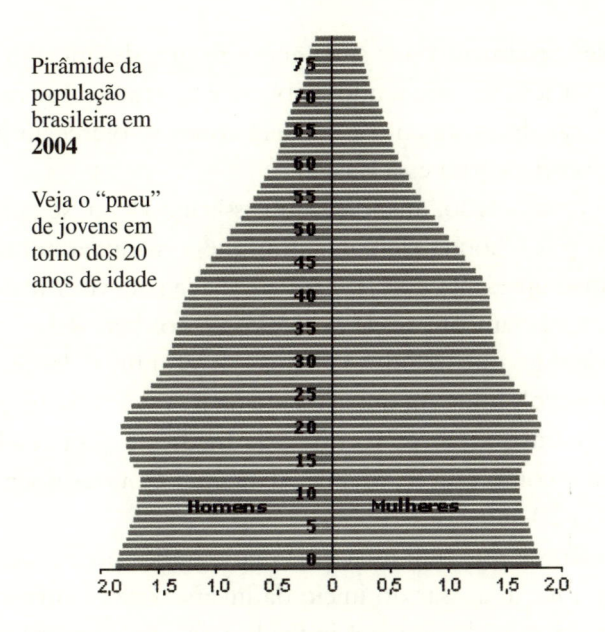

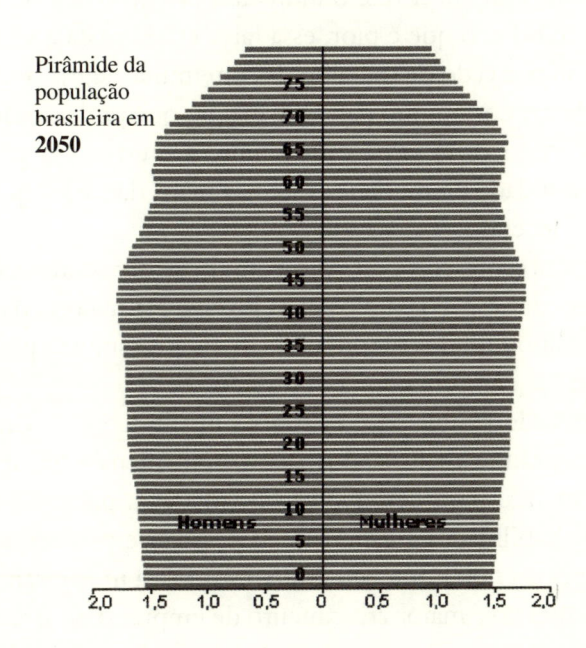

Pirâmide da população brasileira em 2004

Veja o "pneu" de jovens em torno dos 20 anos de idade

Pirâmide da população brasileira em 2050

Fonte IBGE

Esse crescimento por si só gera um grande impacto em toda a sociedade, mudando hábitos e costumes, além de transformar drasticamente a maneira como se oferecem produtos e serviços para essa classe.

Em uma ocasião, quando estava assistindo a um seminário com Deepak Chopra, ele comentou que a máquina humana, tal como se apresenta hoje, já era desenhada para viver mais de 110 anos, obviamente desde que cuidássemos bem dela.

Hoje digo que estamos fadados a viver muito, desde que não nos envolvamos em um acidente fatal. Você já parou para pensar quantos serão os recursos da medicina para resolver problemas como câncer, Mal de Alzheimer e outras doenças, em 15 ou 20 anos?

No Brasil, que tem uma base demográfica preponderantemente jovem, apesar do início da inversão desta curva, temos o hábito de dizer que o indivíduo próximo dos 60 anos já é um velho e, o que é pior, essa faixa etária passa a ser descartada no mercado de trabalho. É com muita alegria, mesmo porque já me encaminho para esse grupo, que podemos notar que essa visão começa paulatinamente a mudar, e a grande responsabilidade da mudança está nas mãos daqueles que estão envelhecendo.

No ambiente corporativo é comum se aposentar aos 60 anos, para dar espaço para os mais jovens. Na maioria das vezes, esses aposentados se tornam inativos ao assumir a postura de quem "já cumpriu com a obrigação".

O grande problema é que hoje um indivíduo com 60 anos, na grande maioria dos casos, tem plena capacitação física e mental para desenvolver atividades a partir de seus talentos, habilidades e experiências pessoais e profissionais.

É curioso notar que, em 2006, estudos já mostraram que o grupo que teve maior crescimento de emprego no Brasil foi o das pessoas com mais de 50 anos.

Voltando ao nosso super-homem, aí está uma fase muito delicada para ele. Como mencionei antes, estive ao lado de pessoas que se aposentaram como executivos e sofreram muito ao perder o "sobrenome" da companhia para a qual trabalharam tantos anos, passando a assumir o papel de "coitadinhos" e, muitas vezes, tendo de se contentar com as migalhas de uma participação em alguma diretoria de associação de classe ou como representante da empresa em papéis corporativos. Isto sem nem mencionar a falta de respeito dos "mais novos", sedentos para aproveitar oportunidades que se abrem na hierarquia com as mudanças no tabuleiro do xadrez corporativo. O ponto-chave é que, em geral, o nosso super-homem se sente muito só e solitário, mais uma vez sem ter com quem dividir suas fraquezas e angústias.

Digo aos meus clientes que eles devem projetar sua vida profissional de maneira a poder diminuir a intensidade de suas atividades e aumentar a satisfação e o prazer naquilo que fazem. É fundamental uma grande avaliação dos nossos valores e talentos, quando estamos na faixa dos 50 anos, para podermos planejar com calma e tempo as alternativas para a nossa velhice.

Hoje, já encontramos no mercado *coaches* com programas especialmente desenvolvidos para cuidar dos casos de aposentadoria, período este que pode efetivamente ser muito rico e de grande realização para as pessoas.

Enquanto escrevo este capítulo, convido minha amiga portuguesa Ana Merelo a comentar sobre o assunto, e ela diz: "Aposentadoria é para quem é empregado, não para quem é profissional liberal". Pois é, esta é outra armadilha: pensamos que é verdade, mas para o profissional liberal penso que se aplica a mesma fórmula, pois, na medida em que envelhecemos, algumas atividades tornam-se pesadas demais, e inclusive o profissional, do ponto de vista do mercado, sofre restrições. Tenho um grande amigo consultor que fez uma observação muito pertinente: "Preciso prestar atenção, pois ninguém vai querer fazer uma consultoria comigo quando eu estiver usando bengala!".

A verdade é nua e crua: todos nós envelhecemos e temos de projetar essa fase para nos sentir plenos e felizes na busca da realização de nossas vidas. Acredito que a fase da aposentadoria é definitivamente aquela em que podemos realizar nossos desejos, e nossos sonhos devem vir em primeiro lugar. Podemos desenvolver atividades que ao mesmo tempo forneçam uma receita complementar, sejam extremamente estimulantes e realizadoras.

Devemos projetar e planejar esse momento para ter uma velhice com qualidade de vida.

Do ponto de vista profissional, estamos amplamente rodeados tanto de pessoas comuns como de personagens públicas que são verdadeiros modelos a serem admirados.

Posso citar algumas celebridades como Armand Hamer, dono da Occidental Petroleum, que trabalhou até seus 91 anos; Roberto Marinho, das Organizações Globo; B. B. King, o rei do *blues*; e o extraordinário arquiteto Oscar Niemeyer, que recém completou 100 anos em 2007 e continua criando projetos incríveis de arquitetura.

Nesta fase, alguns valores se reposicionam dentro da escala de cada um, e com certeza aqueles que experimentam a espiritualidade ou a transcendência ocupando lugar de maior destaque em sua vida demonstram um maior sentimento de realização e mais disposição.

Desejo enfatizar esta ideia: como seres humanos normais, e não super-homens, podemos construir um caminho que, se bem preparado, pode ser menos solitário.

Buscar um ritmo menos intenso de atividades, respeitando nosso corpo e nossa mente, desenvolver mais os relacionamentos com as pessoas, ter uma atividade artística, seja pintar ou tocar um instrumento, permitem-nos cultivar nossa alma e dar outro sentido e mais prazer à vida.

A partir dos 50 anos, creio estarmos no momento correto para não adiarmos mais a conscientização de alguns pontos importantes, como o nosso propósito de vida e nossa visão de futuro. É a grande oportunidade de fixarmos objetivos, agora sim mais realistas em função dos nossos valores, respeitando aquilo que realmente é importante para nós e que, por conseguinte, nos torna mais felizes.

Essa fase de maturidade, alcançada depois de termos superado a longa etapa dos questionamentos, chamo de fase da "descomplicação". Agora é a hora do simples, do confortável, do prático, do objetivo.

Torna-se muito relevante cuidar da nossa saúde, da nossa alimentação, praticar um esporte, desfrutar de nossas economias.

Planejar o futuro como aposentado requer uma visão de longo prazo que nos permita direcionar nossas ações de hoje para bem trilharmos o caminho do amanhã.

Quais atividades baseadas nos seus talentos poderão ser desenvolvidas, depois que você encerrar sua atividade profissional formal de hoje? Talvez seja a hora de tentar fazer algo que nunca tentou antes por falta de tempo ou sinergia com a sua atividade principal.

Não importa o que seja. O importante é não perder a oportunidade de pensar nesse futuro que, ao contrário do que muitos pensam, pode ser um caminho muito especial, um momento de muita realização e inclusive muito divertido.

ALGUMAS QUESTÕES PARA VOCÊ REFLETIR:

- Quando você pensa em "aposentadoria", o que isto significa para você?
- Seu amigo está aposentando-se. O que você sente diante dessa notícia?
- Quais são seus sonhos para sua aposentadoria?
- Quais as atividades que você gostaria de exercer quando se aposentar?
- Com que pessoas você gostaria de se relacionar nessa fase?
- Quanto você já se preparou para viver essa fase da vida?
- Afinal, quais são seus planos?

* * *

DICAS:

- Comece a planejar desde já o que você gostaria de fazer na fase em que você se aposentar.
- Aposentar-se no mundo de hoje não significa parar, mas sim ter o direito de diminuir o ritmo de trabalho e escolher fazer aquilo que dá prazer.
- Faça imediatamente seu plano financeiro e econômico para essa futura fase.
- A aposentadoria é o momento de planejar seus *hobbies* e escolher o que você realmente adora fazer.
- Mire-se no exemplo de tantos indivíduos sábios que, do alto dos seus 80, 90 anos de experiência, nos ensinam a viver melhor. Escreva três nomes que o motivem como modelo a seguir.

CAPÍTULO 16

O COSMOS TEM UM PLANO MUITO MAIOR PARA VOCÊ. SUCESSO: QUEM FALOU QUE É PROPORCIONAL AO ESFORÇO?

O sucesso na vida pode ser definido como a expansão contínua da felicidade, bem como a progressiva realização das suas metas.

Deepak Chopra

Meu pai foi um homem que, até os 80 anos, nunca parou de trabalhar e se esforçar. Cresci num ambiente em que a cultura do "resultado proporcional ao esforço" fazia todo o sentido.

No entanto, a minha experiência de vida veio mostrar o contrário. Tendo como base minhas próprias vivências, além do contato com algumas pessoas que conheci ao longo do caminho, e principalmente aqueles clientes que se submetem ao processo de *coaching*, concluí que efetivamente o resultado não é proporcional ao nosso esforço.

Recordo-me claramente de momentos difíceis da minha vida em que planejei e trabalhei com afinco cerca de 14 horas por dia, sem ter resultado prático algum.

Vou contar uma das histórias marcantes que vivi e me fez refletir e vivenciar o que estou falando agora.

Certa vez, uma empresa multinacional sediada no interior me chamou para fazer um trabalho. Lá chegando, pude verificar claramente que aquele era um trabalho que eu podia fazer, por ter larga experiência no assunto e a empresa nunca ter vivenciado tal situação. Eu estava tratando com o gerente responsável pela área em questão, num pré-projeto. Dei todas as dicas e montei o plano para ser apresentado à diretoria. Cheguei até a preparar a apresentação do gerente para a diretoria. Os diretores aprovaram o plano proposto em 100% e sem nenhum reparo. Quando soube, fiquei feliz, porque aquele era o primeiro trabalho depois de meses de esforço para começar uma nova etapa e realmente eu estava precisando daquele aporte.

Marcando uma nova entrevista com o gerente, peguei um carro emprestado e fui para o interior com o dinheiro contado para os pedágios e a gasolina. Chegando lá, o gerente disse que estava muito contente com o resultado do plano, com a aprovação da diretoria e com o resultado que poderiam alcançar. Estava muito feliz e agradecido com a minha contribuição, porém eles tinham resolvido aplicar o plano com seus "recursos internos". Sequer tiveram a delicadeza de me agradecer com uma carta ou uma caneta dessas de um real que vendem no farol da esquina. Saí muito decepcionado e, devo confessar, revoltado. Tanto esforço por nada! Só restava voltar para São Paulo e acabar de gastar a gasolina, paga com um dinheiro que já estava fazendo falta.

Entrei no carro emprestado, muito triste com o peso do fracasso nos ombros e questionando onde tinha errado. Por que isso estava acontecendo? Foi quando, ao tentar ligar o rádio do carro, sem querer liguei o toca-fitas. Estava exatamente no ponto de uma palestra do Frei Ignácio La Rañaga, na qual ele falava sobre a necessidade de agirmos e nos entregar nas "mãos do Pai". Ele falava de agir sim, mas nos entregar quanto aos resultados, mesmo porque somos muitas vezes limitados, e os resultados podem ser ainda melhores se tivermos fé. Devo admitir que foi um momento mágico. A serenidade transmitida por Frei Ignácio acalmou a minha alma e, naquele instante, tomei a decisão de não me desesperar com o inesperado resultado "negativo". Realmente foi um momento mágico porque, a partir de então, mudei minha atitude e iniciei imediatamente, depois de meses, um novo ciclo de prosperidade e abundância.

"Quando podemos experimentar a nossa vida como um milagre não ocasionalmente, mas o tempo todo, podemos realmente entender o significado de sucesso!" Deepak Chopra (*As sete leis espirituais do sucesso*).

Uma questão essencial aqui é o próprio conceito de sucesso. Para alguns, sucesso está relacionado ao saldo bancário ou ao número de bens materiais conquistados. Para outros, sucesso é o próprio caminho da realização de algo.

No mundo corporativo, por mais que seus resultados sejam excelentes, uma vez atingidos passam a ser apenas referências para uma nova estaca zero. Afinal, a partir de agora, você tem de conseguir mais. Essa é a base do homem dos nossos dias, o "Mínimo Eu", conceito tratado por Christopher Lasch, cientista social americano. A cultura deste início de século é definida como narcisista por Lasch, uma projeção dos nossos próprios medos e desejos, dos objetos da produção industrial, bélica, artística etc., "não porque torna as pessoas gananciosas e agressivas, mas porque as torna frágeis e dependentes", dispara o sociólogo.

Como superar essa frustração de se sentir como um "mínimo eu", se sequer podemos dividir essa angústia com alguém?. O super-homem equivocado pensa: se eu dividir essas aflições com pessoas que fazem parte do mesmo jogo, apenas vai fazer-me sentir menos ainda!

Em vez de bancar o super-homem ignorante que destrói seu próprio habitat, sugiro que se pense na hipótese de não gastar energia à toa, destruindo aquilo que realmente é importante para você.

Creio ser importante colocar o sucesso como algo que vai além da conta bancária, centrando-o em aspectos como relacionamentos equilibrados, a capacidade de reconhecer os próprios talentos – aqueles que com um mínimo de esforço permitem que se obtenha o máximo de resultados – e as habilidades para fazer coisas valiosas, que ajudem o próximo, garantam uma boa saúde, tragam paz de espírito, estabilidade emocional, ou apenas façam com que a passagem por este planeta possa realmente fazer diferença e deixar marcas e saudades naquelas pessoas com as quais você convive.

Lembro-me de um místico que conheci anos atrás que dizia que sua maior realização seria ter um enterro repleto de pessoas. Essa seria a constatação de que havia feito "diferença".

Os nossos super-homens são incitados a um processo de competição exacerbada e sem sentido, num jogo que eles sequer percebem que está sendo manipulado pelos mestres de vendas. No livro *Os tempos hipermodernos*, do filósofo Lipovetsky, é retratada uma sociedade que eu chamo de "perversa", em que tudo se torna efêmero e fugaz. Desde o "modelito" da lapela do seu terno, o design da lanterna do novo veículo, os botões do seu celular até os relacionamentos, tudo passa a ser descartável.

Infelizmente, hoje vivemos um processo de desvalorização que gera muito sofrimento para os super-homens, quando estes não alcançam o sucesso de "poder ter".

O que importa aqui é que convido você, leitor, a ir um pouco mais fundo em suas reflexões, não só sobre o que é o sucesso, mas também para perceber que não atingimos o sucesso, seja lá como o encare, em proporção direta ao esforço despendido.

Neste momento você pode estar perguntando-se: "Mas se não fosse assim, como poderíamos ter chegado aonde chegamos?". A superação é importante para o progresso dos homens. Também concordo, e aqui não estou fazendo a apologia da acomodação. O que estou querendo dizer é que a nossa sociedade está conseguindo muitos bens materiais sem se importar para que servem, e sem consciência do impacto que esta corrida desenfreada por "bens materiais" está causando na sociedade e no nosso planeta.

Voltamos ao tema central do capítulo 7 deste livro que trata da questão dos valores. Vivemos em uma sociedade que, queiramos ou não, tem suas bases relacionadas com culturas adeptas do conceito religioso de que o esforço nos levará ao Reino dos Céus. Portanto, para atingir o sucesso, precisamos esforçar-nos muito.

Além das minhas próprias experiências, conheço inúmeros casos em que o sucesso foi alcançado com menor esforço, ao passo que momentos de esforço digno de super-homens trouxeram resultados muito aquém do esperado.

Tenho refletido muito sobre isso e espero que você faça o mesmo, até para poupar energia em momentos em que o melhor a fazer é observar os movimentos da vida.

Seu nível de serenidade e seu equilíbrio emocional podem, sim, ser fatores determinantes para você obter aquilo que deseja, e isso pode ser o que você chama de sucesso e realização na vida.

Tenho a firme convicção de que estamos aqui para ser felizes e realizar algo para nós e para os outros. Estamos aqui para nos desenvolver e contribuir. O cosmos está preparado para nos dar aquilo que queremos. O que nos falta muitas vezes é foco. A ausência de um foco nos deixa dispersos diante das constantes solicitações do mundo exterior. E quanto mais somos ligados ao mundo exterior, mais difícil se torna compreendermos nós mesmos e nossos mecanismos psicológicos e comportamentais. Se não nos conhecemos, torna-se mais difícil entender nossas limitações. Se não entendemos nossas limitações e mecanismos, fica mais difícil obter aquilo que queremos, pois, com certeza, a grande maioria das pessoas tem mecanismos de autossabotagem para conquistar a plenitude daquilo que deseja na vida.

Os super-homens acabam vivendo num inferno angustiante: o mundo externo lhes impõe desejos e não lhes dá tempo para perceber seu mundo interior. Por outro lado, é no mundo interior que estão suas limitações, na maioria dos casos desconhecidas e bem empacotadas no inconsciente. Daí surge o conflito: quero algo de fora que me impuseram e dentro de mim há algo que desconheço e me impede de conquistar o que está fora, e que muitas vezes nem serve para mim.

Portanto, é importante mergulhar dentro de você mesmo e buscar o que é realmente importante, perceber suas "travas internas" e com serenidade perceber aquilo que realmente deseja. Com seus talentos e suas habilidades, você pode planejar e focar o que realmente é importante. Com isto ganhará tempo, energia e serenidade. Serenidade fará bem ao seu corpo e à sua mente. Deixe o esforço maior para o Universo; ele sabe responder a você. E o que é mais importante: você sabe que isto é verdade porque já deve tê-lo vivido algumas vezes na vida.

Lembre-se sempre do quanto é importante você se permitir conseguir aquilo que quer. Minha mulher, por ocasião de um curso que fazia no sul da França, aprendeu com uma colega uma afirmação da tradição Templária[1] que dizia: "Eu quero, eu posso, eu mereço e eu me dou a permissão para conquistar isto". Para mim, trata-se de uma sabedoria fenomenal, pois o que mais encontro no meu consultório são pessoas que no fundo acham que não merecem ou não se permitem fazer aquilo que realmente querem. Esta limitação está invariavelmente ligada a crenças instaladas na primeira infância, e o pior é que não nos damos conta disso.

Esforce-se, lute por aquilo que quer, planeje, ponha no papel, estude as alternativas, esteja flexível para mudar conforme o contexto. Se falhar, estude o que falhou e busque um novo plano. Faça a sua parte de maneira ecológica em relação a si próprio e ao universo que o cerca, seus relacionamentos, as pessoas queridas e o meio ambiente em que atua. Você merece e o Universo sabe disso. Simplesmente experimente. E, se possível, dê um *feedback* para este que lhe escreve!

---

[1] A Ordem dos Templários é uma Ordem de Cavalaria criada em 1118, na cidade de Jerusalém, por nove cavaleiros de origem francesa, entre os quais Hugo de Payens e Geoffrey de Saint-Omer, visando a proteção e defesa dos interesses dos peregrinos cristãos na Terra Santa.

Conclusão

Meu objetivo com este livro foi partilhar minhas experiências de vida com você, leitor, e provocar uma reflexão sobre sua vida de executivo, percebendo que os momentos de solidão são inerentes à natureza humana.

Por outro lado, usei a metáfora do super-homem para mostrar que nosso papel não deve ser de "super-homens" ou de "sobre-humanos" em nossa vida pessoal ou profissional. Nós temos limites e devemos respeitá-los, até para podermos superá-los.

Concluir um livro é tarefa muito interessante, uma vez que é o momento em que o autor revisita toda a obra. Um ponto que consigo perceber claramente foi minha intenção de fazer você parar um pouco esta vida alucinante e desligar seu piloto automático. Espero ter conseguido esse intento!

Neste momento, gostaria de aproveitar a oportunidade e reafirmar o que disse no início: "Não tenho a menor pretensão de ser o dono da verdade". Quis muito estimular sua reflexão e fazer com que você perceba mais fundo o sentido da sua vida. Verificamos quantos estímulos nos arrastam para fora de nós, o quanto culpamos o meio por quase tudo o que nos acontece e como acabamos alienando-nos da responsabilidade sobre nossas vidas, inclusive a responsabilidade de sermos felizes.

Espero que este livro não o tenha convencido de nada, mas gere dúvidas e mais dúvidas para que você encontre a sua verdade. A verdade que está ligada à sua identidade como ser único no universo e aos valores que são seus, assim como a seus talentos e potencialidades.

Procurei também incentivá-lo a ir fundo nos seus valores, fazendo você perceber o mundo maluco que nos é imposto por uma "hipermodernidade" que torna tudo fugaz, efêmero e raso.

Como pano de fundo, busquei estimulá-lo a prestar atenção nas suas emoções, para você concluir o quanto não somos só razão e o quanto elas nos afetam, bem como os nossos relacionamentos. Espero que com o reconhecimento das suas emoções e trabalhado-as diuturnamente, você possa, a partir daí, tomar decisões mais acertadas, de maneira mais serena, ecológica.

Para estar sereno, no entanto, você precisa cuidar do seu estresse, e isto só se faz com um processo de autoconhecimento, percebendo como você reage aos desafios do seu dia-a-dia. Comentei sobre os perigos do estresse e do *burnout*.

Para cuidar do seu estresse, não adianta querer controlar o mundo. Você não é super-homem. No entanto, com um planejamento simples e periódico, você poderá dar um norte à sua vida, pondo mais foco e energia nas coisas que realmente são importantes para você como pessoa e profissional.

Importância é aquilo que damos a coisas que têm *valor* para nós. Pretendi, sim, que você reflita sobre como anda a sua vida e como ela pode ser mais divertida e fascinante.

Vivendo em um mundo onde as pessoas estão consumindo cada vez mais drogas legais ou ilegais, levando uma vida nada saudável, quis apresentar a questão da depressão – ainda um tabu – e do mau humor, enfatizando o quanto o risco e o condicionamento físico podem ajudar as pessoas, você, se for o caso, e seus liderados. Não dá mais para ignorar esse assunto. Afinal, as pesquisas comprovam o fato. Muitos desequilíbrios são oriundos do estresse diário, e a escassez de tempo, a pressão da velocidade das mudanças e a falta de método para administrar o tempo pioram ainda mais a situação. As pessoas se sentem mais sozinhas, angustiadas e inseguras. Os super-homens se sentem nus.

Muito da insegurança dos executivos tem origem na falta de reconhecimento no seu ambiente familiar da infância, estendendo-se para a escola e mais tarde para o ambiente empresarial. Embora seja um mecanismo bastante antigo, as pessoas podem enfrentá-lo, desenvolvendo a responsabilidade pela própria felicidade, o que é extremamente libertador.

Estar feliz é sentir-se bem, e algo que procurei salientar neste livro foi o fato de que as pessoas se sentem felizes quando podem efetivamente exercer seus talentos natos. Todos nós temos talentos, aquela matéria-prima única que trazemos dentro da alma.

Procurei chamar sua atenção para a questão do equilíbrio e como você pode consegui-lo mediante uma avaliação criteriosa dos vários aspectos da sua vida – sua Roda da Vida.

Quando não conseguir dar conta de tudo sozinho, por que não procurar um *coach*? Ele pode ser de grande ajuda para dividir seus dilemas, medos e angústias, além de ser a pessoa que pode contribuir para você construir o seu futuro. Vendo a floresta e não a árvore que está na frente do seu nariz, o *coach* pode ter múltiplas perspectivas para que você reflita a partir de outras ópticas e, com certeza, pode usar ferramentas que contribuem para você achar as respostas aos seus dilemas. Afinal, todas as respostas estão dentro de você.

O *coach* também pode ter um papel fundamental para construir a sua terceira fase de vida, com uma aposentadoria que represente uma atividade condizente com a sua idade, que lhe traga frutos financeiros, mas principalmente com muito prazer e tranquilidade.

Tudo indica que poderemos ter uma vida longa daqui para frente, com a ajuda da medicina e de novas tecnologias. Nossa responsabilidade está em levar uma vida saudável, com uma alimentação sem excessos no dia-a-dia, com a prática de uma atividade física, seja ela qual for, e uma atividade que relaxe a sua mente.

Gostaria uma vez mais de recordar a importância do acompanhamento médico periódico e o estabelecimento de uma relação firme com seu médico. Crie um laço verdadeiro com ele, e, se possível, que ele se torne seu amigo, conheça-o e lhe dê apoio, além de puxar suas orelhas quando necessário.

Ter uma figura dessas ao seu lado é a garantia de uma qualidade de vida melhor e de menos preocupações.

Quis muito que você refletisse ao longo deste livro. Você pode ter escolhido lê-lo num momento de descontração, de férias, ou mesmo numa pausa dentro do avião ou no conforto da sua casa. Não procurei dar receitas fáceis, mas propus questões com algumas dicas e provocações. Afinal, o cosmos tem um plano muito grande para você, e não serei eu quem terá a pretensão de dizer qual é. Essa resposta está dentro de você e só você poderá ouvi-la.

Como recomendação, duvide de tudo o que leu neste livro. Busque e estude as suas próprias soluções de vida. Espero que os temas aqui abordados não fiquem na gaveta, mas, ao contrário, estimulem-no a sentir sede de saber e querer mais. Se este livro for um incentivo para você melhorar a sua vida e buscar sua felicidade, já terá cumprido a sua missão.

Não tive a pretensão da erudição nem de oferecer uma leitura barata. Mas me esforcei para construir uma visão simples – não simplista – das minhas experiências que pudesse estimulá-lo à reflexão.

Acredito fortemente que o óbvio está nas coisas simples. É só olharmos para a natureza para percebermos esta máxima. Espero ter contribuído para que você siga o seu caminho na busca da sua realização profissional e de vida. Se você puder e quiser dar um *feedback*, entre em contato comigo. Afinal, o que mais gosto no meu trabalho é conhecer gente que me estimule a pensar diferente.

E, para finalizar, gostaria de convidá-lo a acolher, admitir, permitir e amar a pessoa mais importante do seu universo: você. Este é o primeiro e mais importante passo para que você possa ajudar o próximo e ajudar a construir um mundo melhor.

Seja feliz!

Bibliografia

A seguir apresento uma lista de livros que serviram como base para os assuntos que desenvolvi ao longo deste livro:

Arnot, Robert, M. D. *The Biology of Success, Set your mental thermostat to high with Dr. Bob Arnot's prescription for achieving your goals!* Boston, New York, London: Little, Brown and Company, 2000.

Bar-On, Reuven & Parker, James D. A. *Manual de Inteligência Emocional, Teoria e aplicação em casa, na escola e no trabalho.* São Paulo: Artmed Editora AS, 2000.

Bateson, Gregory. *Steps to an Ecology of Mind, with a new foreword by Mary Catherine Bateson.* Chicago: The University of Chicago Press, 2000.

Bauman, Zygmunt. *Vida Líquida.* Rio de Janeiro, RJ: Jorge Zahar Editor Ltda., 2007.

Buckingham, Marcus & Clifton, Donald O., Phd. *Now, Discover your Strengths.* New York, NY, The Free Press, 2001.

Chopra, Deepak. *As Sete Leis Espirituais do Sucesso – Guia Prático para Realização dos seus Sonhos.* 46ª edição, Rio de Janeiro, RJ: Editora Best Seller, 1994.

Cook, Marshall J. *Efective Coaching.* New York, NY: The McGraw-Hill Companies, Inc., 1999.

Damásio, Antonio R. *O Eros de Descartes, Emoção, Razão e o Cérebro Humano.* São Paulo, SP: Editora Schwarcz Ltda., 1996.

DILTS, Robert B. *Visionary Leadership Skills, Creating a World to Which People wWant to Belong.* Capitola, California: Meta Publications, 1996.

GOLEMAN, Daniel, Phd. *Inteligência Emocional – A Teoria Revolucionária que Redefine o Que é Ser Inteligente.* 78ª edição, Rio de Janeiro: Editora Objetiva Ltda.

GOLEMAN, Daniel, Phd. *Working with Emotional Intelligence.* New York: Bantam Books, October 1998.

JAWORORKI, Joseph. *Syncronicity, The Inner Path of Leadership.* San Francisco, CA: Berrett-Koehler Publishers, Inc., 1998.

LIPOVETSKY, Gilles com SÉBASTIEN, Charles. *Os Tempos Hipermodernos.* São Paulo, SP: Editora Barcarolla, 2005.

LUNDIN, Stephen C., PAUL, Harry and CHRISTENSEN, John. *Fish! La Eficacia de un Equipo Radica en su Capacidad de Motivación.* 4ª Ed., Barcelona, España: Ediciones Urano, SA, 2001.

MASI, DOMENICO DE. *A Emoção é a Regra – Os Grupos Criativos na Europa de 1850 à 1950.* 1ª edição, Rio de Janeiro, RJ: Editora José Olympio, 1997.

MASI, DOMENICO DE. *O Futuro do Trabalho – Fadiga e Ócio na Sociedade Pós-Industrial.* 8ª edição, Rio de Janeiro, RJ: Editora José Olympio, 2003.

MC., Kenna Regis. *Real Time, Preparing for The Age of The Never Satisfied Customer.* Boston, Massachusetts, Harvard Business School Press, 1997.

O´NEILL, Mary Beth. *Executive Coaching with Backbone and Heart, A System Approach to Engaging Leaders with Their Challenges.* San Francisco, CA: Jossey-Bass Inc., Publishers, 2000.

SELYE, Hans M. D. *The Stress of Life – The famous Classic – Completely Revised, Expanded, and Updated with New Research Findings.* New York, NY: The McGraw-Hill Companies, Inc., 1984.

TOLLE, Eckhart. *O Poder do Agora – Um Guia para a Iluminação Espiritual.* Rio de Janeiro, RJ: Editora Sextante (GMT Editores Ltda.), 2002.

WIND, Yoram (Jerry), CROOK, Colin & GUNTHER, Robert. *A Força dos Modelos Mentais – Transforme o Negócio da sua Vida e a Vida do seu Negócio.* São Paulo, SP, Artmed Editora AS, 2005.

Sites

www.fastcompany.com
– Revista voltada ao empreendedorismo.

www.ismabrasil.com.br – Instituto voltado a pesquisas e trabalhos envolvendo o estresse.

www.hno.harvard.edu/gazette – Revista que apresenta materiais de pesquisas e teses da Universidade de Harvard.

www.abrae.com.br
– Associação Brasileira de Inteligências Múltiplas.

www.cerebromente.org.br
– Revista Mente e Cérebro – Scientific American.

Impressão e acabamento
Gráfica e Editora Santuário
Em Sistema CTcP
Rua Pe. Claro Monteiro, 342
Fone 012 3104-2000 / Fax 012 3104-2036
12570-000 Aparecida-SP